Jews learn by age 13 Money Rules

ユダヤ富裕層が13歳までに学ぶお金のルール

ファイナンシャルプランナー・
富裕層向け金融コンサルタント
川口幸子
Yukiko Kawaguchi

秀和システム

はじめに

みなさんは今、自分の好きなことや、やりたいことにお金を使えていますか？

今の若い方々は節約志向だという話をよく耳にします。それもそのはず、最近は将来が不安になってしまうような、こんな言葉があふれています。

「今の仕事や会社がずっとあるとは限らない」

「高齢化社会で若者の負担はこれから増すばかり」

「老後に安心して生活するには２０００万円の貯金が必要！」

10代の頃から不安定な世の中を目の当たりにしながら、こんな話を聞かされ続けていれば、「無駄使いをせずに貯めておかなくちゃ」と思うのもムリはありません。若いうちから将来のことを考えて節約や貯金ができる、これはとても立派なことだと思います。

しかし、たとえ安定した収入を得て、コツコツ貯金ができていても、「将来は大丈夫なのかな」「何かあったときにお金が足りなくなるんじゃないかな……」と不安を抱き、好きなことややりたいことに十分にお金を使えずにいる若者も少なくないようです。

色々なことを我慢してお金を貯めても、まだ不安が拭えない。せっかく自由にさまざまなことにチャレンジできる20代に、そのような不安を抱いて過ごすのはもったいないと私は思います。どうか、みなさんにはお金の心配をせずに、今しかできないことにたくさん挑戦していただきたいのです。

＊　＊　＊

では、そのために何が必要なのか？

それは、お金を正しくコントロールする知恵です。

日頃からお金を正しくコントロールすることができていれば、「まだ足りないのでは」「今使ってしまって大丈夫なのかな？」といった不安を感じることなく毎日を過ごすことができます。

何も、大金持ちになりましょうと言っているわけではありません。みなさんには、お金に対する不安を取り除き、健康に働くことや、家族や友達との時間、たくさんの新しい物事にチャレンジすることを、大切にしていただきたいのです。

そこで本書では、今を大切に生きるためにお金をどのようにコントロールしていけばいいのか、基本的な考え方から具体的にお伝えしていきたいと思います。

＊　＊　＊

実は、本書でお伝えするお金の知識は、ユダヤ系欧米人の間では3歳や4歳の小さな子どもの頃から学んでいることばかりです。

大富豪が多いと言われているユダヤ人。ゴールドマン・サックスやロスチャイルドなどは、世界経済に大きな影響力を持っていることで知られています。また、フェイスブック創業者のマーク・ザッカーバーグやグーグル創業者のラリー・ペイジ、スターバックス創業者のハワード・シュルツもユダヤ系のアメリカ人です。映画監督のスティーブン・スピルバーグや、マクドナルド創業者のレイ・クロックもユダヤ系。

世界の大富豪のベスト500のうち、ユダヤ人はなんと200名にも上ります。ノーベル賞経済経営学部門でも、受賞者の6割がユダヤ人です。世界人口のたった0・2％しかいないユダヤ人に、成功者が多いのはなぜでしょうか？

それは、幼い頃からお金に関する教育をしっかり受け、倹約しながらも必要なタイミングでしっかり使い、自らの目的を叶えていくことができるからです。

一方で、日本ではこれまで、お金の話をするのは汚いこと、はしたないことのように捉えられ、子どもにはほとんどお金の教育をしてきませんでした。ですから、20代になって社会に出たときに、お金に関わる不安が急にのしかかってくるのです。周りの人がお金をどうしているのか聞きたくてもなかなか聞けないという人も、多いのではないでしょうか。

＊　＊　＊

私は、3歳から9歳までアメリカと日本を行き来していた祖父母に預けられて育ちました。祖父母は多くの不動産を持ち、アメリカやイギリスなどに友人も多く、その友人たちの多くもお金持ちでした。祖母と叔母に連れられてさまざまな欧米の国々にも行き、たくさんの富裕層の人と触れ合ってきました。そんな環境で幼少期を過ごした私は、生きていく上で必要なお金のことを、周りの大人たちからたくさん教えてもらったのです。

そんな生活を経て、10歳の頃に日本へ帰国し、私は母とともに暮らし始めたのですが、日本の学校に通うようになると、日本と海外とではお金に対する考え方があまりにも違うことに戸惑うことがよくありました。

親に内緒で祖父母にお小遣いをもらう友達、お正月になるともらえるお年玉、何のためかわからずにしている募金箱への寄付。何より、友達や周囲の大人にお金の話をすると、曖昧にごまかされてしまったり、話をそらされたり、タブーのように扱われていることに驚きました。

そして大人になるにつれ、お金がタブー視され、お金の教育がまったくされていないがために、日本ではお金に振り回される人生を送って苦労している人が多いということに気がついたのです。

そんな人を少しでも減らしたいという思いから、社会人になり、金融機関に勤務した後、私はファイナンシャルプランナー、金融コンサルタントとして資産形成やお金の教育などに携わるようになりました。

＊　＊　＊

著者のセミナーの様子

私がユダヤ系欧米人たちから学ぶことができたお金の知識を、日本人の若い人たちにも学んでいただければ、みなさんはもっと豊かに、幸福度の高い状態で、生きていくことができるはず。今はそうした思いを強く持って、活動を続けています。

みなさんの収入は今後、社会の大きな出来事の中で減ってしまうこともあるかもしれません。逆に、思わぬ臨時収入が入ってくることもあるでしょう。そんなとき、どうしたらいいのか？

正しい知識を持ってお金をコントロールすることさえできれば、大きな時代の波の中で生きていくことも怖くはありません。ぜひ今のうちにお金の正しい扱い方を学び、今という時間を将来への不安に縛られることなく、のびのびと過ごしてください。幸福度の高い人生を送れるように、知恵をつけてください。

そんな願いを込めて、お話を進めていきたいと思います。

2022年12月

川口 幸子

目次

第2章 お金の分け方のルール

第3章 お金の使い方のルール

第6章

お金の育成期と維持期のルール

第7章 お金を守るためのルール

第1章
お金に対する考え方のルール

日本と欧米とでは文化の面でさまざまな違いが見られますが、お金に対しても考え方は異なります。そして、子どもの頃からお金についてどのように教えられてきたかによって、その後のお金の扱い方にも差が出てきます。本章ではまず、お金について欧米と日本とではどのような考え方の違いがあるのか、お話しましょう。

Rule 1

お金は汚いものではなく大切なものだと考える

とても不思議な「ハシタナイ」文化

みなさんは子どもの頃、人前でものの値段を聞いたり、親の収入の話をしたりして、「はしたないからやめなさい!」とたしなめられたことはありませんか?
そんな経験がなくても、なんとなく「お金の話をするのは良くないこと」という感覚があるのではないでしょうか。

幼少期を欧米で過ごし、小学生になって日本に戻ってきた私にとって、この日本の「ハシタナイ」文化はとても不思議なものでした。

友達が持っているものに、「素敵ね。それ、どこで買ったの？　いくらだった？」と聞くと、困ったような顔をされたり、「駅前のお店で買ったけど、いくらだったか忘れちゃった」と金額についてはごまかされたり。

日本では友達同士でお金の話をしてはいけないんだなとわかったものの、どうしていけないのかはずっと不思議なままでした。

子どもにも日常的にお金の話をするのがユダヤ流

私が過ごしていた欧米、とりわけユダヤ系の多い地域では、小さな頃から学校や家庭、地域で、お金の教育を受けるのが当たり前でした。どのように資産形成をするのか、住宅や教育、老後の暮らしなどにどれくらいのお金がかかるのか、そういったお金の基本を子どもにしっかり教育していたのです。

ですから、日常会話の中でお金の話が出てくるのはごく普通のことでした。

ユダヤの人々は2000年もの間自国を持つことができず、ヨーロッパで迫害を受け続けてきた民族として知られています。そのような歴史を持つゆえに、何があっても生き延びるためにお金を作っておくことの重要性を、どの民族よりも強く理解しています。

お金は何も自分だけがいい思いをするためのものではありません。家族や友達、大切な仲間を助けるためにも、お金は大切なものです。ユダヤ人たちは長い歴史の中でこのことを身をもって理解しているので、子どもたちが幼い頃から、お金の教育を始めるのです。

日本でもお金について真正面から向き合う必要が出てきた

一方、日本ではお金を稼ぐ話、増やす話などをあけすけにすることは「悪いこと」のように避けられています。お金は汚いものだと感じる人が多いのです。

日々汗水垂らして働き、コツコツとお金を貯めるのは素晴らしいことだけれど、人よりも多くお金を稼いだり、楽をして儲けたりするのは良くないこと。それは日本が他民族に侵略や迫害を受けることなく、統一したひとつの国としてあり続けられた結果なのかもしれません。

ただ、今はお金についてあらためて真正面から向き合う必要が出てきていると感じる人も多いのではないでしょうか。グローバリゼーションが進み、ビジネスにおいても日本独自の慣習や考え方が通用しない場面が増えてきています。高齢化社会が進み、社会保障制度もどうなっていくかわかりません。いったん就職すれば、お金についてあまり考えなくても一生困らずにいられる、そんな保証はなくなってきています。

こんな今だからこそ、みなさんにはお金を汚らわしいものと思うのではなく、その重要性を正しく理解し、家族や大切な人たちとも話し合っていただきたいと思っています。

お金について教育することが社会全体の幸せにつながる

ユダヤ系欧米人は、子どもの教育にたくさんのお金をかけます。良い学校に通い、良い先生に学ぶこと。それは子どもが将来社会に出たときに、社会にきちんと貢献し、豊かに生きていくことにつながるからだと知っているからです。お金についてもしっかり教育することにより、本人や家族、その周りの人たちや社会全体が幸せになることにつながると、知っているからです。

ユダヤ人特有の教育方法としては、子どもは学校が終わって自宅に帰ってくると、

「アフタースクール（家庭内教育）」を受けます。この特徴は、一人の子どもに対して一人の教育係がつくマンツーマン方式です。多くの場合は父親か母親が教育係になり、マンツーマンでさまざまなことを子どもに教えていきます。私の場合には、祖父母やユダヤ人の教育者でした。

アフタースクールでの「学び」は、日本とは考え方がまったく異なります。日本では「良い大学に行けば成功が約束されている」という考え方がありますが、ユダヤ人にとって学びは生きていることの一部です。学ぶ目的は学校などの成績を上げることではなく、「好きなことを追求できる力」を身につけることです。学びは目的を達成するための道具ではありません。

そのため、ユダヤ人の教育では、何かを「強制する」のでなく、子どもの情熱を「引き出す」ことに注力しています。子どもが得意なことや興味を持ったことを見つけたら、さらに好奇心を刺激する環境を作り、金銭的にも精神的にも全力でサポートし、情熱を高める努力をしてくれます。

この教えからでしょうか、私は祖父母からも、母からも、一切あれこれと指示を出されたことはありません。

「好きなこと」を通してお金の大切さを学ぶ

小学2年生の頃、私は自分に合うサイズのテニスラケットがなく、大人が使うラケットを使っていました。重くて使いづらかったのですが、ユダヤ人の大人たちや祖父がテニスを教えてくれることが嬉しくて、毎日のように大人を捕まえては練習をしていました。あの頃は、ラケットにボールが当たる瞬間の音に惹かれていたのです。夢中でやっていると、嫌なことも忘れて清々しい気分になりました。当時は木のラケットで、ガットの補修はお店ではなく、いつも祖父がやってくれていました。

しかし、だんだん上達してくると、自分に合ったラケットがほしくなりました。私のお小遣いは交渉制で、買いたいものがあると祖父母にプレゼンをします。このときは、ピンク色の自分サイズのラケットがほしいことを告げました。

「じゃあ、そのためにどんなことを頑張る?」

ほしいものを買うためにお金をもらうときには、いつもこんなふうに聞かれました。勉強やボランティアを頑張るといった目標を告げ、きちんと達成すればお小遣いがもらえる。そんな仕組みでした。

このようにして、数カ月に分けてお小遣いをもらい、それを「目的のための貯金箱」に入れて、私はピンクのラケットを手に入れることができました。この経緯だけで、私は認めてもらっている安心感、我慢することの大切さ、お金の大切さを感じることができたのです。

その一方で、小学生の途中で日本に来てからは、子どもたち一人ひとりが好きなことよりも偏差値を重視され、テストのために勉強するという日本の教育を目の当たりにすることになりました。当時は違和感を感じながら過ごしたものですが、幸いにも幼少期のかけがえのない経験があったため、10代と20代で起業の経験をし、応援してくれる人に助けられながら収入を得て、家族とともに豊かに生活を送ることができているのだと思います。

お金にきちんと向き合えば成長できる

日本では「お金儲けをしよう」とか「投資で稼ごう」と言うと、何か悪いことをしているように感じる人も多いと思います。人から搾取したり、だまし取ったりするのは悪いことですが、お金を稼ぐということは決してそういうことではないはずです。好きなことを実現するために知恵を使ってお金を増やして目的を達成することは、悪いことではありません。

一代で財を築いた有名なユダヤ人たちは、「子どもの情熱を引き出す」教育をされてきた人がほとんどです。アインシュタイン、スピルバーグ、ビル・ゲイツもそうでした。お金の教育を受ける中でも、目的や目標をハッキリさせ、それを達成するごとに褒めてもらい、成長していく。そうして、大きな財を築く力を身につけてきたのです。

お金は決して汚いものではなく、きちんと向き合うことで自分の生活を豊かにし、自分自身を成長させ、周囲を幸せにすることができるものです。

お金がいかに大切か知っているからこその寄付文化

そして、お金を十分に稼ぐことができれば、その中から寄付をすることで社会をより良くすることもできます。税金だけに頼るのではなく、寄付という形で社会を支えることも大切だと、ユダヤ系欧米人は考えます。それは、自分も社会の中で他者と支え合って生きている一人なのだと知っているからです。

社会の中で生きるために、お金がいかに大切かがわかれば、お金との向き合い方も変わります。お金について正しく学び、正しく取り扱おうとすることは、決して悪いことではなく、みなさんや周りの人たちの豊かな暮らしにつながっていくのです。

日本でもようやく、2022年度から高校で金融教育が必修化されました。これから高校生たちは株式や投資信託などの金融商品の基礎的な内容や、資産形成について学んでいくことになります。

ただ、すでに社会に出ているみなさんにとっては、お金のことはまだわからないことだらけかもしれません。でも、まずはお金への悪いイメージを取り払って、お金とどう付き合っていくかを真剣に考えてみてください。その上で知識をつけていけば、無駄なお金を使ったり、だまされたりすることなく、将来にわたって着実に資産形成することができます。

日本で金融教育が必修になった理由

ここで、日本でも高校で金融教育が必修化された背景について、少し説明しておきたいと思います。

まず大きな理由としては、2022年4月に民法が改正され、成人年齢が20歳から18歳に引き下げられたことが挙げられます。これによって、18歳からクレジットカードが作れるようになったり、保護者の同意なく一人で契約ができるようになったりと、新たな責任が生じるようになりました。

しかし、日本では18歳と言えば、ほとんどの人がまだ高校生か、高校を卒業したばかりです。重大な責任を負う前にきちんと知識を得ておく必要があるため、高校までに金融教育をする必要性が高まったのです。

また、社会経済環境の変化も背景として挙げられます。かつては、資産形成と言えば預貯金が主流でした。しかし、近年は低金利が続いており、預貯金ではほとんど資産を増やすことができません。雇用形態も多様化し、就職して定年まで勤め上げれば退職金と年金で老後を過ごせる時代でもなくなりました。このため、ますます正しい知識を得て自分のお金を自分で守る、将来の生活に向けて自分で備えることが必要となっています。

日本の金融教育は世界的に見て遅れている

アメリカやイギリスなどの欧米諸国と比較しても、日本では金融教育が遅れていました。金融広報中央委員会が18～79歳の人を対象に実施した「金融リテラシー調査2019年」によると、日本では、これまで学校で金融教育を受ける機会がなかった人が62・3%に上っています。

教育の遅れは、金融知識に関する問題の正答率の低さにも現れています。アメリカのFINRA（金融業界監督機構）や、OECD／INFE（金融教育に関する国際ネットワークinternational Network on Financial Education）等の海外機関が国民に行った調査で金融知識について問題を出したところ、イギリスが63%、ドイツが67%、フランスが72%という正答率だったのに対して、日本は60%でした。中でも「インフレの定義」についての問題では、他3カ国の正答率が80％を超えていたのに対し、日本はわずか62％です。

このような状況から、日本の金融教育がいかに諸外国から遅れをとってきたかがわかるかと思います。

投資を教えることだけが金融教育ではない

ちなみに、金融教育は2005年から学校で推進されるようになっており、この年は「金融教育元年」とされました。以降、金融教育に関する内容は社会科や道徳、家庭科などの科目で学習指導要領に盛り込まれてきました。

また、金融教育とは、一般的にはお金についての教育のことを指しますが、単にお金や金融商品そのものを対象としているわけではありません。金融広報中央委員会では、金融教育を次のように定義しています。

「お金や金融のさまざまな働きを理解し、それを通じて自分の暮らしや社会について深く考え、自分の生き方や価値観を磨きながら、より豊かな生活やよりよい社会作りに向けて、主体的に行動できる態度を養う教育」

つまり、社会の中で自立し、社会と関わって生きていく力を身につけるために、お金を通して社会の成り立ちや経済の動き、人々の働き方といった知識や判断力を学んでいくのが、金融教育です。

今後は日本でも、10代でこうした知識を身につけてから社会に出ることになりますが、これまでの日本人は「お金に関する話はタブー」という感覚を持ってきました。みなさんにはぜひ、この意識を変えていただき、お金としっかり向き合っていただきたいと思います。

Rule 2

お金についてオープンに話す

夫婦の間ですらお金の話をしない日本

外国では、「日本人は情に厚く、相手を思いやる気持ちが強い」とよく言われています。それがゆえに、自分はこうしたいと主張したり、相手にズバッと物事を指摘したりすることは少し苦手な部分もあるようです。人から良く思われないのではないか、相手を傷つけるのではないか、といったことを先回りして考えてしまうのですね。

お金に関しても、相手がどう思うかを考えてしまい、なかなか話題にできないという人も多いようです。欧米では、友達が新しいものを買ったり、家のリフォームをしたり

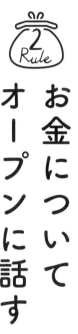

したとき、「いくらだったの？」と聞くのはごく普通ですが、日本では「図々しい」と思われてしまうこともあります。

ですが、これが行きすぎて、夫婦の間でもお金の話をしないケースも多々見られます。お互いの年収を知らなかったり、借金があることを言えずに夫婦生活を続けていたり。夫婦でお財布は別々にして、必要な分だけ出し合い、それ以外はお互い何にいくら使っているのかはわからないという話も聞きます。

これでは、たとえば子どもの教育資金が必要になった際、考え方の不一致から衝突になることも考えられます。子どもをどのような学校に入れるのか、塾や習い事でも考え方がまったく違ってしまうと、喧嘩のもとになってしまいます。

大切な相手にこそお金の話は隠さない

私の友人にも、夫と経済観念が違い過ぎたことで離婚した女性がいました。友人はとても堅実な性格で、結婚前には投資によって数億円の資産を築いていました。実家も裕福で、お金の教育もしっかり受けています。しかし、夫はお金のことには無頓着でした。

夫の収入は月収40万円。でもクレジットカードの請求が毎月約40万円。明細を見ると高価な洋服、靴の購入に接待費。好きな車にもお金を費やしていました。そんなことが数年続き、さすがに愛想が尽きて離婚。

彼女いわく、「大人になってからのお金の教育ってとても難しい。私は親から色々教わっていて当たり前のことを、彼は全然知らなかった」とのこと。

その彼は、それが当たり前と育ってきたのかもしれません。お金の価値観を最初に確認して、話し合うことができていれば、このような結果にはならなかったかもしれません。

内緒のお金は、大きな、埋まらない溝を作ります。離婚の理由第1位が価値観の不一致と言われています。

もし夫婦別の財布にする場合でも、お互いに「借金はしない」「お金が大きく動く際は報告する」など取り決めた上で、生活費専用の口座を作って生活し、貯蓄や投資についても話し合っておくと良いでしょう。

さらに子どもができたら、「車を買おうと思うけどどちらが良いと思う？　セダン？ジープ？」「うちは山や川へよく行くからジープかな？　どちらが丈夫かな？」「買い物の荷物もたくさん積めるから、高いけどジープがいいね！」など、お金の話を親と子どもが一緒にすることで、子どもが自然にお金のことを学べるようになっていきます。

恋人同士でも、お金について気軽に話し合うことができれば、お互いの価値観を知るだけでなく、今一緒にできること、これから一緒にしたいことを、具体的に話し合うことができますよね。

たとえ孫にでも「内緒のお小遣い」は渡さないのがユダヤ流

日本ではよく、祖父母から孫へ「お母さんには内緒だよ」とお小遣いを渡してしまうことがあります。20歳を過ぎても、おじいちゃん、おばあちゃんからお年玉をもらったり、ほしいものを買ってもらったりしている人もいます。そんな経験のある人は、少し考え方を見直してみてください。

ユダヤ系欧米人の場合、孫にこっそりとお金を渡すということはありません。お金を渡すときには、「何に使いたいのか」「それを得るために何をするか」などを明確に聞き取り、親とも話し合ってお小遣いをあげるかどうかを決めます。

親に隠さなければならないお金を渡してしまうと、子どもはほしいものを手に入れてもおおっぴらに喜ぶことはできませんし、ヘタをすれば家の中で嘘をつき続けることになってしまいます。子どもにとってそれは幸せなことではありません。

また、簡単にお金を渡してしまうと、お金に困ったときには祖父母に頼ればいいという考えが身についてしまいます。これでは、目標ができたときに自分が何をするべきか、と考える力を養うことができません。

もしみなさんが、大人になった今もこっそりとお年玉やお小遣いをもらっているのであれば、みなさんの成長のためにも「内緒のお金はいらないよ、自分のために使ってね」と断ることが必要です。断りづらい場合には、祖父母に今までのお礼の気持ちを込めて、そのお金でプレゼントを買ってあげてもいいでしょう。

親や祖父母からお金をもらうことが当たり前になってしまうと、人は誘惑に負けやすい体質になってしまいます。もらえるお金を当てにして、「今月もう少し使ってもいいかな」と思ってしまうのです。

ユダヤ流お金の使い方の5つの基本姿勢

お金の奴隷にならないように、ユダヤ系欧米人たちはお金の使い方については次の5つを大切にしています。

①Control（自分をしっかり管理する）
②Honest（正直に生きる）
③Restriction（誘惑に負けない）
④Discipline（日々学ぶ）
⑤Decent（身の丈に合った生活をする）

お金をこっそり受け取って、それをすぐに自由に使ってしまっていると、この5つの姿勢を身につけることができません。

少子高齢化が進んでいき、年金も少ない中で、これからは高齢者が生きていくのも大変な時代になっていきます。孫かわいさに、多少経済的に厳しくてもお小遣いをあげてしまう高齢者も多くいますが、それを断ち切ってあげるのも、大人になった孫の役目です。

Rule 3

お金をそのまま放っておかない

入ってきたお金はすぐ分類するのがユダヤ流

働いてお金が入ってきたとき、みなさんはそれをどうしていますか?

多くの人は、銀行にそのままにしておき、必要な分を引き出して使っていると思います。一部は定期預金に回しているという人も多いでしょう。

ユダヤ系欧米人の場合は、収入があったときにまず行うことがあります。それは、「お金を分ける」ということです。

お金の分け方については第2章でより具体的に説明していきますが、大きくは「すぐに使うお金」「5～10年以内に使うお金」「10年以上先に使うお金」という3つに分類します。

私も子どもの頃、お小遣いをもらったら、それを3つの箱に分けるように教えられてきました。このときには、短期・中期・長期と使う時期によって分けるのではなく、次のように分けていました。

①「学校で必要なものやおやつなどを買うためのお金」を入れる箱
②「今すぐではないけれどほしいものを買うためのお金」を入れる箱
③「家族や友達にプレゼントを買ったり、寄付をしたりするためのお金」を入れる箱

そして、②の目的達成のために使うお金は、「そのまま寝かしておいたらもったいないよね」と、投資に回していたのです。

すぐに使わないお金は働かせて増やすのが当たり前

ユダヤ系欧米人の間では、子どもでも小学校1年生くらいから投資について学び始めます。家庭で学ぶだけでなく、欧米の小学校では授業の中でも投資について教えています。複利と単利はどう違うのか。株式とは何なのか。その土台となる知識、つまり世界にはどんな産業があり、社会はどのような仕組みで動いているのかということも学びます。

ですから、子どもでもお金をもらったら、「すぐには使わないけれど将来こんなことに使いたいな」というお金は、投資という形で働かせ、増やすことを考えます。

すぐに使わないお金は、ただ預金しておくだけでは眠り続けてしまいます。日本ではメガバンクでも定期預金の金利は0・002%です。10万円を1年間預けて、やっと2円の利息になるという超低金利の時代になっています。

すぐに使わないのであれば、働かせて増やすというのが、欧米では当たり前なのです。

投資について知らないほうが危険

欧米では子どもでも投資は当たり前と言われると、「それって、危ないのでは？」と思う日本人も多いかもしれません。

残念ながら、日本ではこれまで学校で金融教育が行われてこなかったことが、その恐怖心につながっているのだと思います。

一方で、日本では投資詐欺事件のニュースも後を絶ちません。日本人は勤勉な国民性だとよく言われます。教育水準も高く、社会に出れば与えられた仕事をきっちりこなす。それなのになぜ、いとも簡単にだまされてしまうのでしょう？

これも、金融教育が不十分なまま社会に出てしまう人が多いことが、背景にあるのです。

「いい投資の話があるから、やってみない？」

友達や知り合いからこんな話を持ちかけられて簡単に乗ってしまうのは、投資とはどういうものなのか、基本からわかっていない人が多いからです。どのような仕組みでお金が増えるのかということを知らないために、ただ目の前の「いくら出すと、こんなに増えて戻ってくる」という数字だけに踊らされてしまうのです。

ユダヤ人にとって投資の知識は身を守るために必要なもの

ユダヤ系欧米人に同じような投資の話を持ちかければ、きっとこんなふうに返事が返ってきます。

「どうやって利益を出しているか正確に説明してくれない？　自分はやってみてどうだった？　本当に儲かるんだったらその明細を見せて」

幼い頃から投資も含めたお金の教育を受けている彼らには、投資の仕組みがわかっているため、説明に嘘やごまかしがあればすぐに気付くことができます。仕組みやリスクを正しく理解し、実際にお金を増やせたという証拠を見てからでないと、他人が勧めてくる投資の話に乗るということはありません。

宗教に大金をつぎ込んでしまうというようなことも、お金の理屈がわかっている欧米ユダヤ人からしたら驚くような話です。

お金を銀行に預けたままにしておくか、投資をするか。何を当たり前とするかによって、その国の人々が持つ資産の水準は大きく変わります。各国の家計金融資産をグラフで比べてみると、差は一目瞭然です。

もし、子どもの頃から学校で投資について教わり、家庭の中でお金の使い方や増やし方についてよく話し合えていたなら、日本でも詐欺事件の件数がもっと減るのではないでしょうか。怪しいと感じるだけでなく、相手の話のどこがどうおかしいのかハッキリとわかれば、だまされることはないはずです。

投資とは何なのか、それをきちんと知ることが、自分を守りながらお金を働かせ、増やしていくための第一歩です。

各国の家計金融資産

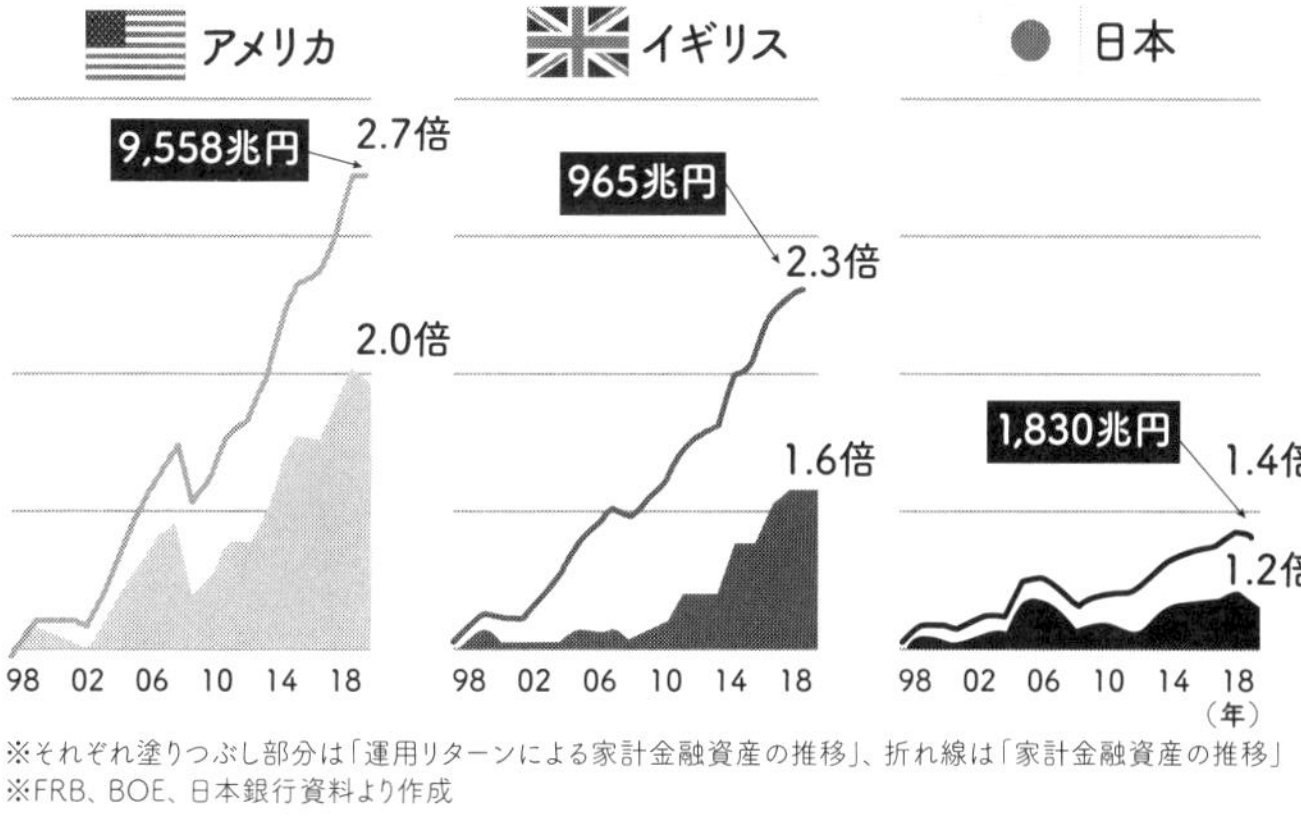

※それぞれ塗りつぶし部分は「運用リターンによる家計金融資産の推移」、折れ線は「家計金融資産の推移」
※FRB、BOE、日本銀行資料より作成

Rule 4

夢を叶えるために必要なお金を見える化する

ライフプランを描くのが好きだった子ども時代

みなさんは5年後、10年後、さらにもっと先に自分がどうなっているか、どうなっていたいか、考えているでしょうか?

漠然と、「5年くらいしたら転職するだろうな」「30歳くらいで結婚したい」などと考えている人は多いかもしれません。

私は子どもの頃、将来を想像してライフプランを描くことが好きでした。実家が不動産に携わる仕事だったこともあってか、設計図を描くように、紙にライフプランをよく描いていました。
自分が今何歳で、何学年になったらテニスで優勝するとか、ニューヨークに行って勉強するとか、大学生になったらハワイに2回は行くとか、結婚は何歳くらいで、老後はこんな生活を送っているとか……。そんなことを想像して楽しんでいたのです。

100歳までの自分をイメージしておく

後になって気付いたのですが、自分のライフプランを明確にしておくことは、「将来こんなことがやりたい」という理想を現実にするために、とても重要なことです。目標を具体的に思い描くことができれば、そこに向かって何をすればいいかがわかるからです。

みなさんも今の段階で叶うかどうかは別として、こうなっていたいというライフプランを100歳くらいまで書き出して、それを眺めてみてください。そして、そのライフプランを実現するために、その時点でお金がいくらあればいいのかを考えてみてください。

結婚するために資金はどれくらいあればいいのか。子どもができたら育児費用はどれくらいかかるのか。子どもの教育にはどれくらいお金をかけたいか。家や車を買いたいなら、それはいくらで、いつまでにほしいのか。仕事は何歳まで続けて、老後はどんな暮らしをしたいのか。ライフプランと、それを実現するのに必要なお金を簡単な表にしておくのです。

すると、今のうちからお金をどう分けて、どう使えばいいのかが見えてきます。

ライフプラン表は、どんどん修正してかまいません。置かれた状況や社会の流れによって、プランが変わることは当然です。修正ありきで作り、最低でも半年に一度は見直してみましょう。

自分は何がしたいのか、そのために今何をすべきなのか、しっかりイメージをして動いていれば、将来「こんなはずじゃなかった」ということは少なくなります。

夢から逆算してやるべきことを考えるのがユダヤ流

最近は、ユーチューバーが子どもに人気の職業ランキングに登場してきています。みなさんの中にも、憧れている人はいるかもしれませんね。でも、何のためにユーチューバーになりたいのでしょうか？

もしユダヤ系欧米人に「ユーチューバーになりたい」と言ったら、きっとこう聞かれるでしょう。

「何を発信したいの？」

お金を稼ぎたいだけなら、他にも手段はたくさんありますが、ユーチューバーになりたいということは、何か発信したいことがあるはず。そう考えるのです。

さらに、ユーチューバーになるために、いつまでに何をするのかというプランもあって当然だと、ユダヤ系欧米人なら考えます。みなさんはこれに答えられるでしょうか。

やりたいことや夢を持つことはとても大切です。でも、ただ漠然と憧れているだけでは、叶えることはできません。具体的にそのゴールを描くことができていれば、そこから逆算して何をすべきか、どんな手段があるかを考えることができるので、実現度は高まります。

ライフプラン表には、そのプランを叶えるのに必要なお金も書き出すようにと先ほど説明しました。金額を考えるということは、手段をあれこれ模索することにもつながっていきます。

たとえば、家族ができたら週末にドライブを楽しみたいという場合、新車でなくても中古を買ったり、カーシェアリングを利用したりという手があります。「車なんて高いからムリ」と諦めるのではなく、いったんライフプラン表に書き込んで、叶えるためにどんな方法があるかを考えてみてほしいのです。

ユダヤ系欧米人の習慣に、自分の夢から逆算してやるべきことを考えるということがあります。今のポジションから考えて「ムリそうだ」と諦めるのではなく、夢から考えて手段を探っていくのです。だからこそ、ユダヤ系欧米人には成功者が多いのです。

5 Rule

自分のお金の使い方を見える化する

お金に関する日記をつけよう

ルール3で紹介したように私がお金を3つの箱に分けて管理するようになったのは、5歳くらいの頃でした。

その数カ月後に、あるぬいぐるみに一目惚れしたことがあります。でも、どれくらいお金が残っているのかすぐにわからず、その場で買うことはできませんでした。そこで、家に帰ってお金がいくらあるか調べて、数日後にぬいぐるみを買いに行ったのです。しかし、もうすでに売れ切れていて、とても悔しい思いをしました。

これをきっかけに、私は祖父母に教えてもらいながらお小遣い帳をつけ始めました。お小遣い帳と言っても、内容は日記帳に近いものでした。自分が買いたいものとその金額、使ったお金と用途、さらにそのときの状況や感じたことなども書き加えていました。

そして、これを祖父母と一緒に読んで振り返って、話し合っていました。

「寄付に使って喜んでもらえて良かったね、いい使い方をしたね」

「この出費は残念だったね。次は失敗しないためにどうしたらいいと思う?」

小学生になってからは投資の収益も記録していたので、「すごく増やすことができたね」と褒めてもらえることもありました。

こうした経験を通じて、私はお金としっかり向き合う習慣ができました。ぜひ、みなさんにもこれをやってみてほしいのです。

誰と食事に行って、いくら使ったのか。それは楽しかったのか退屈だったのか。美味しかったのか、イマイチだったのか。

「充実した時間を過ごせたから、このお金の使い方は良かった」

「あまり楽しくなかったから、ここに使うお金はもう少し減らしたいな」

数字だけでなく、日記のようにしておくと、そのように振り返って考えることができます。

自分のお金の使い方を把握できれば改善点も自然と見えてくる

お金を今どのように使っているか記録して、その使い方を振り返ると、無駄な出費を減らすことができます。買ったけれどあまり気に入らなかったものや、ほとんど使っていないサブスクリプションのサービスなど、どんなものが無駄な出費になったのか把握して、整理することが大切です。

「今だけ半額と書いてあって慌てて買ってしまったけれど、それほど必要なものではなかった」

「セールで思わず買ってしまったけれど、よく考えたら同じようなものを持っていた」

「ネットで送料を払って購入したけれど、近くのお店でも売っていた」

そんな反省材料が出てきたら、次の使い方に活かすことができますよね。自分がどんなときに無駄使いをしてしまうか、記録を振り返って考えることができれば、次に同じような状況になったとき、冷静に考え直すことができるようになるはずです。

今は家計簿アプリもありますし、エクセルなどのソフトを使って可視化するのもいいと思います。数値をグラフ化すれば、どんなものに出費が偏っているのか把握することができます。

レシートの裏にコメントを書いて、出費の項目別に袋分けしておくのも良いでしょう。

みなさんのやりやすい方法で、収支の記録を習慣化できるよう工夫してみましょう。できるだけ、使ったときの状況や使った結果を思い出せるようにすることがポイントです。

特にキャッシュレス時代の現代では、後から思わぬ多額な引き落としがあり、唖然としてしまったという人も多くいます。日々、入ってきたお金をなんとなく使い、余った分を貯金に回しているという人は、ぜひ「見える化」することでお金に意味を持たせるようにしてください。そうすれば、お金はどんどん増えていくようになります。

第2章
お金の分け方のルール

多くの日本人は、入ってきたお金を銀行に預金しています。ただ、それだけでは超低金利の今、お金は眠ったままで働いてくれません。それはわかっていても、投資は難しそうで踏み出せないという人もいるでしょう。そんな不安をなくし、お金を増やしていくために、まずは今あるお金を正しく分類して、管理することから始めてみましょう。

時間軸でお金を分ける

Rule 6

ひとつのカゴにタマゴを盛るな

ルール3でもお伝えしましたが、ユダヤ系欧米人の間では、入ってきたお金を分けて管理することを子どもの頃から一般的に行っています。

私が6歳くらいの頃、こんなことがありました。

祖母が自宅の冷蔵庫からタマゴを取り出して、大きなサラダボウルに6つくらい入れて見せてくれました。そのタマゴをどうするのか見つめていたら、祖母はボウルごと落としてしまい、タマゴが割れてしまったのです。驚いていると、今度は小さなボウル3

つにタマゴを2つずつ入れて見せてくれました。

欧米には、「ひとつのカゴにタマゴを盛るな（Don't put all your eggs in one basket）」ということわざが伝えられており、日本でもこれは相場格言として有名になっています。祖母はこの格言をわかりやすく私に伝えてくれたのでした。

タマゴをひとつのカゴに盛ってしまうと、そのカゴが落ちたときにはすべてのタマゴが割れてしまいますが、カゴが複数あれば、ひとつを落としてもすべてのタマゴが割れることはありません。つまり、分散投資をしてリスクに備えようという格言です。

祖母はこうして子どもの私にもわかりやすく、「分散」の意味を教えてくれたのです。

富は3つに分けて所有すべし

欧米にいた頃、周りの大人たちは、親元を離れて祖父母と暮らす私に常に優しくわかりやすく、お金との向き合い方を叩き込んでくれました。

タマゴの格言については、ユダヤ教の聖典「タルムード」にも同じようなことが書かれています。「富は、土地と商品、現金との3つに分けて所有すべし」という内容です。

ユダヤ系欧米人から多くの大富豪が生まれてきたのは、この教えのように資産を配分してきたからです。不況や災害などが起きても、このように分けておけばすべての財産を失うことはありません。そして、土地や金融商品を持っておくことで、資産は長期間かけてどんどん増えていきます。

みなさんにもぜひこのように、今からお金を分ける習慣をつけて、数年後の目的を叶え、将来安心して暮らせるように備えていただきたいと思います。

まずは「すぐ使うお金」と「しばらく使わないお金」を分けよう

入ってきたお金はすぐに正しく分けること。これがお金を管理し、増やしていくためのもっとも重要な基礎となります。

そして、お金を分けるときに最初にやってほしいのが、時間軸に沿ってお金を分けるということです。分け方は大きく、次のように考えてください。

- **短期：すぐに使うお金**

・中期：5〜10年後に使うお金
・長期：10年以上先に使うお金

短期のお金は、生活費や、身内や友人の結婚式、引っ越しや旅行など、半年以内に必要になりそうな最低限のお金となります。

中期のお金は、海外旅行や家を買ったり建てたりするお金、リフォーム代、車を買い替えるお金、結婚費用や子どもの入学費など、自分のライフプランの中で5〜10年の間にやりたいこと、起こりそうなことに使うお金です。

長期のお金は、10年以上先に成し遂げたい目的や、子どもの教育資金、老後の資金などです。

まずは、手元にあるお金は、すぐにこの3つに分ける習慣を身につけるようにしてください。お金を分けると言っても、半年間暮らすのに必要なお金を分けたら残りはわずかしかない……という人もいるかもしれません。でも、毎月5000円ずつでも1万円ずつでもいいのです。コツコツと続けていくことで、そのお金は5年後、10年後、数十年後に、必ず役に立つはずです。

Rule 7

お金の置き場所を分ける

時間軸によって正しい置き場所も変わる

お金を短期・中期・長期と時間軸で分けたら、それぞれを正しい置き場所に配置します。安全性の高い場所に預けるのか、収益性のあるものに預けるのか、置き場所も時間軸によって変わってきます。

まず短期のお金として必要な分は、すぐに引き出せる「流動性資産」として、銀行に預金しておきましょう。金利はほぼゼロで増えることはありませんが、このお金は金利を気にせずにすぐ引き出せるようにしておきます。ＡＴＭですぐに下ろせる銀行、信用金庫、ゆうちょなどに預金しておくと良いでしょう。そして、残ったお金を中期・長期に振り分けていきます。

中期のお金は、数年後の目的のためのお金となります。目的を確実に達成するために、安心安全な場所に置かなくてはなりません。

しかし、しばらくは使いませんから、ゼロ金利で預金してしまうと増えないだけでなく、インフレ時にはお金の価値が減ってしまうことがあります。投資で損してお金を減らしたくないという気持ちで預金していたら、数年後にはインフレの影響でお金の価値が減っていたということもあり得ます。

少しでも金利を味方につけられる場所として、1%以上の利率で、10年以内に解約しても手数料のかからないところに預けましょう。年利が3〜5%で、5〜10年で満期となる金融商品もあります。

長期のお金は、使うまでの長い時間を味方につけて、金利の良い、単利ではなく複利のものへ分散投資します。単利・複利についてはまた後ほどルール19、20で説明します。金融商品にはさまざまなものがあり、投資の許容度も人それぞれ違います。まずは最低限の投資の知識を身につけ、理解してからスタートしましょう。

ユダヤ流の6つの分け方

ちなみに、私がアメリカでユダヤ人の大人たちから教えてもらったお金の分け方とその置き場所は、もう少し細分化されていました。みなさんはまず3つに分けることから始めていただきたいのですが、参考までにご紹介します。

①銀行口座（生活に必要なお金）
②緊急予備費口座（緊急時のお金を別で管理）
③貯める口座（①②とは別の貯金）
④貢献口座（寄付や、大切な人への贈り物やご褒美に使うお金）
⑤増やすための口座（利回り4％以上の複利でお金を育てる）
⑥投資用の口座（インデックス、アクティブ、株、自己投資に活用するお金）

①の自由に引き出しができる銀行口座には、1カ月の生活費のみを入れます。単利で

低金利なので、それ以上の資金はここには入れません。
②と③は、健康に働けているなら3カ月分の生活費を入れます。
⑤の口座は、ある程度の残高がないと手数料がかかる仕組みなので、強制的にお金を入れなくてはという気持ちにさせられます。②や③でお金が足りなかった場合は、この口座から補う形でした。
私は8歳から⑤と⑥の口座を持って資産運用をしていました。私を含め、同じようにしていた友人たちは、少額でもコツコツ続けたことで30年で1億円前後の資産を有することができました。そのお金で、親孝行や社会貢献をしたり、不動産を購入したり、ロングバケーションを楽しんだりと、やりたいことを実現できたのです。

日本では多くの人が、すべてのお金を同じ銀行口座に入れていますが、細かく分けておくことで、すぐに使わないお金は育てることができますし、「まだあるから」と余計な出費をすることを防げます。

中長期のお金はすぐに使えない場所に置くのがポイント

このようにお金を分けたら、「急にほしいものが出てきても、中期や長期のお金からは使わない」というルールを必ず守ってください。ちょっとぐらいと思って中期や長期のお金に手をつけるクセをつけてしまうと、お金を増やしていくことができなくなってしまいます。

そのためにも、今すぐ使うお金と5年後、10年後に使うお金とは一緒の置き場にしないことが大切です。いつでも引き出し可能な場所にお金を置いておくと、何かあったときにすぐ使ってしまって、目的を達成することができません。

人は目の前に十分にお金があると、「これくらい大丈夫かな」と深く考えずに使ってしまいがちです。でも、半年分暮らすためのお金しかすぐに引き出せる場所にないという状態なら、その出費が本当に必要なのか考えることができます。

欧米では、家計のやりくりをお金の専門家に見てもらっている家庭がよくあります。専門家に見てもらいながら、家族に必要な教育資金や生活費をチェックし、収入の何%

は貯蓄、何%は運用へ回すというルールを作るのです。そして、物価上昇や世界情勢の変化、子どもの成長など、そのときの状況に応じてライフプランやキャッシュフローを見直すということも行っています。

みなさんも収入を得たら、ぜひ「○円は貯金」「○円は積立投資」というようにルールを決めて、すぐに振り分けるということを繰り返してください。状況に応じて金額は修正してOKです。

中期・長期に分けたものは最初からなかったものとして生活していく。そうするだけで、資産は確実に増えていきます。

Rule 8 通貨を分ける

お金の価値は不変ではない

みなさんが今持っているお金は、この先ずっと同じ価値を保つわけではありません。世界のさまざまな状況によって、お金の価値は変わってきます。

たとえば日本では、2022年に円安が加速して、米ドル対円相場では1月に1ドル115円前後だったところ、9月には140円を超えてきました。これは、今まで1ドル＝115円で買えていたものが140円払わないと買えなくなった、つまり円の価値が下がったということです。

また、お金が急に使えなくなってしまうこともあります。時代を遡ると、日本でも戦後の１９４６年、政府が新円切り替えのタイミングで預金封鎖を行い、しばらく銀行から預金が下ろせない状態になりました。そして強制的に財産税が課税され、事実上多くの国民が財産を没収されてしまったということがあったのです。

これは日本に限った話ではなく、どの国においても起こり得ることです。ベネズエラでも数年前に貨幣価値が暴落し、紙幣は紙くず同然となってしまいました。価値がなくなっても紙幣を捨てるのはもったいないからと、それでバッグを作って売っていた人もいたほどです。

こうしたことを考えると、自国のお金だけしか持っていないことのリスクがわかると思います。自国の通貨が紙くず同然になってしまったり、使えない状態になってしまっても、別の通貨を持っていれば生き延びることができます。

現在の日本は円安などの影響でさまざまなものが高くなっている上、銀行にお金を預けていても金利はほぼつきません。つまり、銀行預金だけでは持っているお金の価値がどんどん下がっていく状態になっています。

金を持って生き延びてきたユダヤ人

ユダヤ人は、昔から金（ゴールド）が安くなったときに買うということを徹底して繰り返してきました。ユダヤ人は自国を持たず、強制移住などによって住む場所を奪われることも多々ありました。その中で、どこへ行っても安定した価値を保っている金に目をつけて投資してきたのです。

金は、どの国の通貨とも交換できる資産です。また、金をアクセサリーやコインとして身につけて持っていれば、とっさのピンチが訪れても、その金を食べ物や通貨と交換して生き延びることができます。

このように、通貨だけでなく、金、株、不動産のように、異なる資産を持っておくことが、リスク回避につながっていきます。

私は子どもの頃からアメリカやイギリス、日本などの国を行き来し、それぞれの国の通貨を持っていたため、通貨の違いについては感覚的に理解ができていましたが、周りの子たちも通貨の仕組みについては7歳くらいから教えられていました。全体の変動リスクを減らすために資産は分散して持つ、これはユダヤ系欧米人の間では常識なのです。

みなさんも、短期で使うお金はすぐに使える円として持っているとしても、中期や長期のお金については、米ドルや豪ドル、金など、さまざまな金融資産に分散して持っておくと、将来的に強い味方になってくれるはずです。

Rule 9 付き合う相手によって分ける

家族を守れない人間はお金に守られない

みなさんの周りには、たくさんの人がいます。家族や恋人、友達、仕事関係の人、習い事や趣味のコミュニティのメンバー、地域の人など……。そうしたさまざまな人との付き合いの中で、一緒に食事をしたり、どこかに出かけたり、プレゼントをしたりと、お金を使うシーンも出てきます。

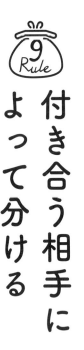

この「人に対して使うお金」に対しても、その配分を定期的に見直してみてください。

一般的には、家族や恋人、親しい友達など、大切な人には多くお金を使い、距離のある人にはあまり使っていないはずです。

欧米人社会では、家族をもっとも大切なものとして考えます。ユダヤ人大富豪も、「家族を守れない人間は、お金に守られない人間」として捉えます。つまり、浮気や不倫をしたり、家族をおろそかにしている人間は、財をなくす人だと考えているのです。

そういう人とはなるべく関わらないようにするというのがユダヤ人富豪たちの考えで、だからこそ、人を大切にできる人間が周りに集まります。そうした人に囲まれているから、起業や新規事業を応援してくれる人、協力してくれる人が絶えず、時価総額の高い企業へと成長させることができるのです。

しかし、この「大切な人から順にお金や時間を割く」という配分バランスが崩れてしまうこともあります。最近出会ったばかりの相手と、何度も高いレストランでお金を使ってしまっていたり、友達グループとの付き合いのために、ムリをして出費を重ねてしまっていたり。身近な大切な人よりも、お金や時間というコストを費やす付き合いになっていたら、その相手との付き合い方を見直す必要性があります。

相手との距離感に応じて使うお金を分けるのがユダヤ流

ユダヤ系欧米人の成功者は、他人とのコミュニケーションに関して、バランス感覚が非常に優れています。GAFAM（Google・Amazon・Facebook・Apple・Microsoft）の創立者たちもユダヤ系欧米人ですが、彼らは自分と相手の利益がお互いにウィンウィンになるよう、コミュニケーションも効率的に行います。長時間食事を共にして相手との絆を強めるというよりは、お互いの貴重な時間を無駄にしないよう、オンラインなどもうまく利用しながら人付き合いをしています。

ユダヤ系欧米人は、相手と自分との距離感に応じて、使うお金と時間の配分を分けて考え、無駄なコストをかけないようにしているのです。

これを意識していれば、たとえばセールスマンの話を長々と聞いてしまい、話を聞いているうちについ親しみを感じてしまって、しかたなくお金を使ってしまう、ということもなくなります。

人は長い時間を使った相手に親しみや信用を感じてしまうものですが、この心理を上手に利用する詐欺師もいます。何度も会って数時間話すことによって、相手との距離が近く感じられてきてしまい、詐欺に引っかかる。そんなケースがとても多いのです。

ですから、お金だけでなく時間についても、本当は誰に一番費やすべきなのかを考えるようにしてみてください。エクセルなどで家計簿をつけるときに、ただ「食事代」と書くのではなく、誰と一緒に行ったのかも書き添えておけば、後から相手ごとに今までいくら使ったのかも集計することができて便利です。

節約ばかりでなく必要なときにはコストをかけるのも大切

最近の20~30代の方の中には「飲み会に使うお金がもったいない」「デートにあまり高いお金は使いたくない」と節約している人も多いと聞きます。

お金と時間の使い方の配分は、距離の近い人を優先に。そう書きましたが、人に使うお金そのものを極限まで減らそうとするのは、デメリットも大きいように感じます。

付き合いの浅い人や、よく知らない人に多額のお金を使う必要はありませんが、たとえば会社の人との付き合いは、その中から新しい発想や情報を得られる可能性もあります。もちろん、上司の愚痴を聞くだけの無駄な飲み会に毎回参加する必要はありませんが、普段あまり接していない上司や違う部署の人と話せる機会があれば、そこにお金と時間をかけることで後に大きなプラスになることもあります。

今はオンラインでコミュニケーションをとることもできますが、実際に大切な人と、どこかに出かけて、一緒に何かを見たり食べたりして、体験を共有するということも大切です。

日本人の平均寿命は年々延びつつあり、2000年代生まれの人であれば100歳以上になると予測されています。長い長い人生において、他人とのコミュニケーションを充実させることは、豊かさにつながっていきます。仕事を辞めたとき、気付いてみたら周りに付き合える人が誰もいなかったという話は、今でもよく耳にします。

IT技術によってコミュニケーションの取り方も選択肢が多様化してきていますので、すべてのコミュニケーションにかけるコストを節約するのではなく、配分を考えて、必要なときにはコストをかけることも考えてください。

Rule 10

分けたお金の一部は社会貢献に使う

寄付ですら周りを気にする日本人

お金の分け方として、最後にもうひとつ大切なことをお伝えします。それは、「一部を社会のために使う」というルールです。

私が日本に帰国して間もない頃、学校で先生から赤い羽根募金の説明がありました。「明日、募金を募るからそれぞれで寄付してね」と言うので、私は翌日、寄付の箱にお財布からお札を数枚取り出して入れようとしました。すると、周りのクラスメイトが騒ぎ出したのです。

「えっ！　みんな10円しか寄付していないんだよ！」

「でも、私は大丈夫よ……」

「そんな大金、寄付したらダメだよ！」

そこで私はしぶしぶ10円だけ箱に入れて、次の人へとその箱を渡しながら思いました。

「みんな、揃いも揃って10円しか寄付しないなんて、なぜ？　払える人は好きに寄付したらいいじゃない。アメリカだったら、自由に寄付できたのに」

とても不思議に感じたのをハッキリと覚えています。

ユダヤ人にとって寄付は当たり前のこと

ルール3でお伝えしましたが、私も子どもの頃には、お金をもらったら「普段の生活で使うお金」「ほしいものを買うなど目的のために必要なお金」「家族や友達のため、寄付のために使うお金」の3つの箱に分けるように教えられました。そして実際、困っている人に役立ててもらうために教会や児童養護施設などに寄付をしてきました。

日本では、有名人が大金を寄付したことを公表すると、「人気をとろうとしている」

と受け取る人もいるようです。ですが、何かのため、誰かのためになっていることを、悪いことをしているかのように言う風潮が私にはわかりません。

ユダヤ系欧米人の間では、寄付はとても日常的なもの。自分が社会の一員である以上、その社会に貢献することは当然だと考えています。そして、時間や労力を割くことができなくても、今すぐにできる社会貢献が、寄付なのです。

また、自分の欲望のためだけではなく、人のためにもお金を増やすと考えたほうが、資産形成のモチベーションも高まります。

何も、生活の負担になるような金額を寄付する必要はないのです。収入の10分の1ほどを寄付に使えるのが理想です。私も子どもの頃から、1000円もらったら100～200円を人のために使う箱に入れていました。それだと厳しいようでしたら、月に500円でも1000円でもかまいません。

自分の富を社会に還元すれば、それはまた回り回って自分にも返ってきます。良いエネルギーを循環させることで、世界が動き出していきます。コンビニやスーパーに設置してある募金箱からでもかまいません。自分がどういうところに寄付して、どう使ってもらいたいかをイメージしながら、寄付してみてください。

助け合いの心がないのは料理に塩がないのと同じ

私は幼い頃から祖父母に連れられて、児童養護施設に毎週のように出かけていました。施設には30人ほどの子どもがいたと思います。芝生で遊んだり、廊下でゲームをしたり、読み聞かせをする大人に集まったりと、それぞれに楽しそうにしていました。

その光景を眺めているうちに、「私には何かほしいときには、お金の交渉ができる相手がいる。でも、ここの子どもたちは、自由になるお金や交渉できる相手がいないんだ」と感じるようになりました。そして、施設の子どもたちのために寄付をする祖父母の姿を見ているうちに、私も自然に、自分のお小遣いを寄付するようになりました。他に、ボランティアで掃除を手伝うこともありました。

施設を訪れていたときのことは、みんなニコニコしていて楽しい記憶しかありません。今思えば、「人の役に立つことが楽しい」という感覚を自然に身につけられたのだと思います。

ユダヤの格言に「どんなに裕福な金持ちであっても、助け合いの心を持たない者は豪華な料理に塩がないのと同じである」というものがありますが、私は子どもの頃に、それを体験しながら感じることができました。自分だけがいい思いをする人生よりも、周りの人たちと助け合い、共に幸せになっていく人生のほうが、何倍も豊かだということを学ぶことができたのです。

お金以上に大きな価値を手に入れるために

意外かもしれませんが日本にも、両親がいない、給食費を払えない、住む家がないなど、さまざまな事情で我慢を強いられている子どもたちがいます。親の虐待や育児放棄で、愛情を知らずに育っている子どもたちもたくさんいます。その子どもたちが成長し18歳になって社会に出ると、右も左もわからない中で生活をしていかないとなりません。

そんな子どもたちに、みなさんが学んだお金の使い方、増やし方といった知恵を授けることも、また社会貢献のひとつになります。

そうして社会のために寄付をしたり、ボランティアとして社会の課題解決のために動いたり、困っている人のために知恵を分けたりしていくことで、みなさんは社会の中で信頼されるようになっていきます。

直接的にお金が稼げるわけではありませんが、お金以上に大きな価値を手に入れることができるようになるのです。

第3章 お金の使い方のルール

お金を分けた後、それをどのように使うのか。ユダヤ系欧米人と日本人とでは、お金の使い方についても考え方に違いが見られます。お金を使う際にどんなことを重視するかによって、結果としてお金が貯まっていくかどうかが決まります。本章では、将来の安心や幸せにつながるためのお金の使い方について、お伝えしていきましょう。

Rule 11

天引きした後にお金を使う

「今だけ」「ちょっとだけ」はお金が貯まらない人の合い言葉

毎月少しずつお金は貯められているから、使わなかった分はそのまま普通預金に預けておこう。日本ではこう考える人が多くいます。その中から、まとまった額が貯まったら定期預金に回している人もいるかもしれません。

しかし、これだとお金は貯まっていきません。預金では金利はほぼ0％ですし、いつでも下ろせる場所にあれば、何かほしいもの、やりたいことがあったときにすぐに使ってしまうのが人間です。

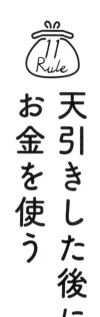

「毎月2万円は貯金するつもりだったけど、今月は少し厳しいから使っちゃおう。その代わりに来月、4万円貯金に回しておけば大丈夫」

そう思って、来月本当に4万円を貯金に回せる人を、私は見たことがありません。

「今だけ」「ちょっとだけ」は、お金が貯まらない人の合い言葉です。

先取り貯蓄でやりくり上手に

一方、第2章でお伝えしたように、お金を時間軸に沿って分け、中期のお金、長期のお金は投資に回すということができていれば、使わない間に金利がつき、お金を着実に増やしていくことができます。お金はすぐ使えるところにありませんから、「ここから使っちゃおう」とつい手を出してしまうこともありません。

お金を使ってから残った分を貯めるのか、貯めてから残った分を使うのか。両者では、将来持っている資産に大きな差が出てきます。もちろん、後者のほうが将来的に豊かな人生が送れます。

そして、後者のやり方を実現するためには、「今使うお金」の中から上手にやりくりできるようにならなくてはなりません。先取り貯蓄をすることで、今自由に使えるお金は少なくなりますから、ときには我慢も必要です。

私も、子どもの頃からお金を3つに分けて、今使っていいお金の中からやりくりをすることを教えられたので、自然に「ほしいものがあっても、いったん我慢する」考え方が身についていきました。すると、お店で見たときには「あのラケットがほしい！」と思っても、しばらく時間が経つと「そんなに必要ではなかった」と気付くことが多いな、とわかるのです。それが、今あるものを大切に使うことにもつながっていたと思います。

ちなみに、今ほしいものを買うためにクレジットカードの分割払いやリボ払いを使ってしまう人もたまに見かけますが、これは先取り貯蓄とは真逆の行動です。将来得る予定のお金を先に使ってしまうのですから、お金が貯まっていくはずはありませんよね。

それは生きていくためにどうしても必要なものなのか、よく考えてからお金を使うようにしましょう。

ユダヤの聖典に書かれた「ノーペイン・ノーゲイン」の教え

世の中で経済的に成功している人は、何を得られるか保証がない状態で自分の信念に基づいて、犠牲を払っています。何も捨てずに成功を手に入れようとするのは、太陽を西から登らせようとすることと同じです。

ユダヤの大人たちは、幼い私が理解できるようにこんな話をしてくれました。

あるところに仲のいい3人兄弟がいて、それぞれ各地に修行に赴きました。そして10年後、それぞれが各地で見つけたもっとも不思議なものを持ち帰りました。

持ち帰ったものは、長男は世界を隅々まで見渡せるガラスのコップ。次男は空飛ぶ絨毯。三男は、不思議なザクロの実。

そこで長男のガラスのコップで世界を覗いてみると、ある国のお姫様が床に伏せっており、その脇で王様が「誰か病気を治してくれる者はいないか」と悲しみに暮れていました。その様子を見た兄弟は、次男の魔法の絨毯でお姫様のもとに飛んでいきました。

お姫様のもとにつくと、三男は不思議なザクロの実を半分にして、お姫様に食べさせました。すると、お姫様は病気から回復したのです。

喜んだ王様は、3人のうち誰でも娘と結婚していい、と告げました。お姫様はそこで質問をします。

「世界を見渡せるコップは、今ももとのままですか?」

「魔法の絨毯は、今でも飛べますか?」

「ザクロの実は、以前のままですか?」

長男のガラスのコップも、次男の魔法の絨毯も以前のまま使えますが、三男のザクロの実は半分になってしまっています。そこでお姫様は、この三男と結婚することを決めました。

「なぜなら彼は、私のためにザクロの実を半分なくしてしまったからです」

これは、何かを失わなくては、何も得られないという教えです。後に、ユダヤの聖典「タルムード」に書かれている話だと知りました。

ユダヤの家庭では、「タルムード」に書かれたこのお話を子どもに聞かせながら、「成功するためには、何か失うことが必要なんだね」と考えさせます。先に犠牲を払うことで、後から大きな幸せをつかむことができる――それがこのお話の教訓です。

この教えを活かして、ユダヤの人々は、今は少し我慢が必要でも、先取り貯金をすることで将来的に大きな財産が得られると考えてきました。それが大きな富を築くことにつながったのです。

「先取り貯蓄」は、今あるものを手放す感覚があり、抵抗を感じる人もいるかもしれません。ですが、多少苦しくても、我慢していったん手放すことが経済的自由の近道となります。将来、その先取り貯蓄は、みなさんをちゃんと助けてくれるはずです。

企業経営においても「捨てる」ことは重要

ちなみに、この「ノーペイン・ノーゲイン」の教えは、お金だけに適用されるものではありません。会社での肩書、給料、今の人間関係、生活環境、持ち物、資産（貯蓄、有価資産など）……見返りの保証が何もなくても、自分の大切なものを差し出せるかが大切です。そうしなければ、新しい何かを得ることはできません。

そして、それは個人のことだけでなく、成長のために何かを捨てることの大切さは、企業経営にとっても同じです。たとえば、日本の企業では、人を辞めさせたくても、労働者を守る制度が強く、簡単には辞めさせられません。しかし、小さな組織は、悪い労働者がいるだけで雰囲気やお金の流れが悪化します。悪い行いとは、業務中に私用の作業をしたり、悪口や愚痴をこぼして悪い雰囲気を作ったり、人の足を引っ張ったり、やる気がなかったり、違反行為をするといったことです。

幼い頃、日本の経営者がこうしたことを嘆いているのを聞いて、私は「なぜ辞めさせられないの?」と不思議に思いましたが、その後、10代で起業した際に、その経営者の嘆きを実感することになりました。やる気のない雰囲気を出して仕事中にイベントコンパニオンをナンパする従業員……。「こんな人に賃金は払えない!」と思い、その瞬間を捉えて直接ハッキリと、そうした行為は損害に当たるという話をして自ら辞めてもらうことになりました。このときは一時的に労働力が減少してしまい大変でしたが、しばらくすると良い人が入り、3倍以上の効果を生みました。

やはり何事においても、何かを手放さなくては新しい何かを得ることはできないのですね。

Rule 12

家族のためにお金を使う

日本は忙しいのに幸せになれない国？

欧米では、大人にもたくさんの休暇があります。そして、休暇には家族や地域の人たちと出かけたり、イベントをしたりと充実した時間を過ごします。この時間は子どもたちにとって、大切な学びの時間にもなっています。

そんな欧米で幼少期を過ごし、日本に戻ってきた私は、日本人の忙しさにびっくりしました。当時は1970年代、土曜日にも学校や仕事があり、休みは日曜日だけ。働く大人たちは残業も当たり前。父親だけ家族と離れて単身赴任生活をすることもある。子どもながらに、日本は忙しい国だという印象を強く持ったのを覚えています。

最近では日本でも長時間労働が問題になり、無駄な残業はなくなってきていますが、「もっと稼ぐために必死に働かないといけない」「多少つらくても残業代がつくなら」と考える人はまだまだ多いと思います。

しかし、それが本当に幸せに結びつくのでしょうか？

日本ではあり余る資産を持ちながらも、幸せを感じている人が少ないように感じます。持続可能開発ソリューションネットワークという国連機関が毎年発表している世界幸福度ランキングでは２０２２年度、日本の順位は54位。先進国の中ではかなり低い位置にあります。

収入がどんなに高くても、お金を使う時間がない。忙しくて家族と過ごす時間がない。お金があっても、夜は毎日取引先との付き合いなどがあり、帰宅するのは深夜の遅い時間……。こんな嘆きを、私は日本で数え切れないくらい聞いてきました。

お金を得ることを人生の目的にしない

幼少期、私の周りにいたユダヤ系欧米人たちの中には「お金がほしくて残業をする」という考えの人は一人もいませんでした。それは、ユダヤ系欧米人たちは、その瞬間に手にできるお金の価値よりも、家族や友人と過ごす時間のほうが大きな価値を持つと考えているからです。

お金はあくまでも道具であり、それ自体を得ることが目的ではない。お金に振り回されると、かけがえのない時間や人を失うことにつながるリスクもある。彼らはそのように考えて暮らしています。

ユダヤ系欧米人の子どもたちは、会話が豊富な楽しい家庭で育ち、家族やコミュニティを大切にすることを教えられます。そして、成長すると、子どもの頃に親をはじめたくさんの大人から学んだことを活かして起業したり、医療や金融などの世界で活躍したりと、家庭の資産を何倍にも増やして家族や友人たちにもメリットを与えます。自分にも家族にも仲間にも、幸せをもたらすようになるのです。

お金はあくまでも道具であり、道具のことばかり考えていると幸せにはなれない。若いみなさんには、これを覚えておいていただきたいと思います。

ユダヤ人が「誰かのためのお金」を準備する理由

私が子どもの頃、初めに祖父母に教えられたお金の分け方は、「今必要なお金」「目的のためのお金」「誰かのためのお金」の3つに分けるということでした。

この「誰かのためのお金」は、家族や友達へのプレゼントや、困っている人を助けるためのお金です。みなさんも、この考え方は大切にしていただきたいと思います。

祖父母や両親は、基本的にはみなさんより先に旅立ちます。その前に、病気をしたり認知症になったりして、介護が必要になるかもしれません。そのときに、何かしてあげたくても何もできない、という状態にならないためにも、大切な人のために使えるお金を準備しておいてほしいのです。

また、家族が病気や認知症になってしまってからでは、できることは限られてきます。十分に感謝の気持ちを伝えることができなくなってしまうこともあります。ですから、

「今できる感謝の表明は今のうちに」を忘れないでください。

言葉で伝えるだけでもかまいませんが、みなさんが子どもの頃に得ていたお金はどこから回ってきているのかを考えて、お返しすることも大切です。

ほしいものを考えて誕生日などの機会にプレゼントしたり、生活に必要なものをときどき送ったり。もし病院や介護施設で過ごすことになったら、お見舞いに頻繁に行けるようにお金を貯めておくのも良いでしょう。

家族や仲間と幸せな時間を過ごすために必要な道具が、お金です。幸せのために優先すべきことは何か、よく考えて行動していただきたいと思います。

金額ではなく思いが伝わるかが大切

家族など大切な人のために、お金や時間をどのように使うと良いのか、ここでもう少し詳しく考えていきましょう。

日本では、大切な相手にほどブランド品や高級レストランなど、高いお金を使うというのが一般的な考え方だと思います。普段は忙しく働いていて、あまり家族や大切な仲間と過ごす時間はとれないけれど、誕生日などの節目には高いものを贈ることで気持ちを表す。そんな人が多いのではないでしょうか。

ですが、普段から自分と過ごす時間を大切にしてくれるほうが、きっと相手は嬉しいはずですよね。なので、欧米では金額よりも、思いが伝わるかどうかを重要視します。

一緒に海や花を見に行ったり、美術館や博物館に出かけたり。手料理をふるまったり。そんなにお金はかからなくても、相手が楽しめる場所、喜んでくれそうな場所で、一緒に有意義な時間を過ごすことも、思いを伝える立派な手段です。

私自身、子ども時代にユダヤ人家族と過ごす中で、たとえば一緒に絵を見たら「どんなことを思いながらこの絵を描いたのかな?」「作者はどんな人?」と私の意見を聞いてもらったり、丁寧にたくさんのことを教わったりしました。こうした時間がとても嬉しかったのを覚えています。

たくさんの美味しい手料理をふるまってもらい、目の前の料理にはどんなスパイスが入っているのか、どの国から来た発想なのか教えてもらったり……。

海を見に連れて行ってもらったり……。当時の私はまだ幼かったので、海を見ると日本や母を思い出し、家族の大切さを感じました。

彼らが私のことを思って与えてくれたたくさんの経験は、どれも本当に大切な宝物となり、今も役立つことが多くあります。

ユダヤ系欧米人は、大切な人がどうしたら喜ぶかということを常に念頭において暮らしています。記念日やサプライズなど、相手に感謝の思いを伝える機会をなるべく多く作ることを重要視しています。だからこそお金を稼ぐことや増やすことが必要であり、しっかり自己管理をして、限られた時間で仕事の成果を出そうと考えます。その結果、ビジネスで大きな成果を残せるようになるのです。

13 Rule

治療より予防にお金を使う

健康に対しても先に投資しておくのがユダヤ流

自分の国を持たず、さまざまな地で迫害などの危険にさらされてきたユダヤ人は、先々のリスクに備える力を身につけてきました。持っているお金や土地や財産なども、明日になれば失ってしまうかもしれない。だから、たとえ今は大丈夫でも、リスク分散をして将来に備える。こうして生きてきたことが、ユダヤ人たちを富豪にしてきたのです。

その備えのひとつに、健康に対しても先に投資しておくという考え方があります。ユ

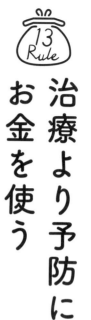

ダヤ人はお金だけでなく、健康に対しても意識が高い民族として知られています。

病気になると仕事を休むことになりますし、長期化すれば仕事を辞めなくてはならなくなるかもしれません。悪化すれば家族の看病や介護、医療費や施設料も必要になります。治療費が高額になり、将来やりたいことのために貯めていたお金を使わざるを得なくなるかもしれません。

そうならないようにユダヤ系欧米人たちは、日が落ちたらムリをせず仕事を切り上げ、家族と大切な時間を過ごしてリラックスし、食事や運動に気を遣った生活をしています。

欧米各国では日本よりも医療費がそもそも高くなっており、さらに国民皆保険制度がないために全額自己負担となり、病気になるとかなり高額の出費になってしまうという事情もあります。ただ、日本でも医療費は海外よりも安いとは言え、働けずに収入が得られなくなったり、介護のために家族の働く時間がなくなったりするのは大きなリスクです。

このリスクに備えるには、20代から運動を心がけて、外食に頼らず身体に良い食事をとるようにし、ストレスを貯め込まないように工夫することが大切です。

病気にならないためのお金の使い方

子どもの頃、祖父母と出かけてジュースやお菓子を買うとき、「これは何でできていると思う?」ということをよく聞かれました。

その商品の原材料表示を見ると、お砂糖や合成着色料などがたくさん入っていることがわかります。それを一緒に見ながら、「オレンジジュースって書いてあるけれど、これはオレンジだけじゃなくて、こんなにもお砂糖が入っているんだよ。お砂糖をとり過ぎるとね……」と、健康に関する知識を教えてくれたのです。そうすると、自分のお小遣いで買えるとしても、ちょっとこれはやめておこう、となりますよね。

他にも、自然豊かな場所に行けば「これは触ってもいいけれど、そっちの草を触ると大変なことになるよ」など、自分の身体にどんなものが害になるのか、周りの大人たちがたくさんの知恵を授けてくれました。

ユダヤ系欧米人たちはこのように、何か食品を買うときには表示をしっかり見て選ぶ習慣があります。身体に悪そうなものが使われていたら、いくら安くてもそれは買わずに、多少高くても安全性の高いものを選ぶというように、病気の予防のために投資をするのです。他にも、小麦をとり過ぎないようにしたり、古い油を使い回さないようにしたり、農薬を使った野菜を買わないようにしたりと、注意深く食べ物を選びます。

日本人の中には、「身体にいいものを食べようと気にしていると、お金がかかってしまってしかたない」と思う人もいると思いますが、長い目で考えれば、悪い食生活によって大きな病気になってしまえば、トータルではよほど大きな出費になってしまいます。そうなると、お金だけでなく、自分がつらい思いをしたり、周囲を悲しませたりすることにもなります。

ですから、みなさんには今のうちから、自分の健康に対しても投資をしておいていただきたいのです。

Rule 14

友達にお金は貸さない

ユダヤ人は お金の貸し借りには非常に慎重

みなさんは友達にお金を貸したことがありますか？

飲み会のときなどに「ごめん、今日お金ないから貸して。今度返すから」と言われて、貸したことがある人もいるかもしれません。最近はラインペイやペイペイなどを経由してキャッシュレスでお金のやりとりができるので、お金の貸し借りも昔よりカジュアルになってきた印象です。

ですが、いくら仲の良い友達でも、お金の貸し借りはできるだけ避けるようにしてください。
ユダヤ系欧米人は、お金の貸し借りには非常に慎重です。先々のリスクに備えることに長けたユダヤ人は、「今お金を持っていない人が、次に会ったときに持っている保証はない」と考えます。ですから、もしお金を貸すのであれば、「もう戻ってこない」とあげるつもりで貸すようにしています。

貸したお金が返ってくることを期待していると、借りた本人が忘れていたり、お金を用意できなかったりしてなかなか返ってこないときに、相手への信頼度がとても低くなってしまいます。それが原因で、友情に亀裂が入ってしまうこともあります。借りたほうも、気にしていながらも返済の準備ができないと、気まずさから会えなかったり連絡できなかったりして、距離ができてしまいます。

友達を失いたくないのであれば、お金は貸さない。これは鉄則です。
それでもやむを得ず貸すのであれば、みなさんは「人のために使う」ためにとっておいたお金から貸すようにしてください。そしてそのときに、もう一度考えてみてくださ い。今貸すことが、本当に相手のためになるのか。そのお金を困っている人たちのために寄付するよりも、本当に有意義なことなのか。その上でお金を貸して、後は貸したことを忘れるようにしてください。

略奪の歴史を背景に生まれた銀行システム

ユダヤ人は迫害の歴史の中で、理由もなく財産を奪われてしまうことがよくありました。お金を他人に渡したら戻ってこない。そんな経験から、お金の貸し借りには慎重にならざるを得なかったのです。そして、お金を奪われることへの防御策として、銀行のシステムを生み出します。

手元にお金がなければ奪われることもありません。銀行は人々からお金を借りて運用しますが、貸すほうにはリスクがあるわけですから、返すときには利子をつけて返します。このシステムがヨーロッパの各地に広まり、銀行業が盛んになることで、ユダヤ人は大きな富を得るようになりました。

ここから考えてみると、今みなさんが銀行に預けているお金は、銀行に貸しているわけですから、そのリスクへの対価として利息が多くついてしかるべきなのです。ところが、今は金利はほぼ0％。それならば、預金ではなく自分で投資に回すほうが賢い選択と言えますよね。

日本では、友達とのお金の貸し借りにどんなデメリットがあるかという話や、銀行の仕組みなどについて、これまで学校の授業で教えることがほとんどありませんでした。家庭の中でも、きっちり教えられたという人はほとんどいません。

お金の話は後ろ暗いこと、人前ではタブーだという風習から、友達とのお金の貸し借りもこっそりと行われて、なかなか返ってこなくてもあまり強く言えない。そんなことから人間関係が壊れてしまった人はごまんといます。

今からでも遅くはないので、お金とはどういうものなのか、どう扱うべきなのか、家族や友達とオープンに話し合えるようになればいいなと思います。

Rule 15

見栄のためにお金を使わない

「お金持ちアピールは無意味」と考えるのがユダヤ流

日本ではよくSNSやユーチューブなどで「投資をしたらこんなに稼ぐことができて、お金持ちになったらこんな贅沢な暮らしができますよ！」ときらびやかな生活を披露して、人気を集めている人たちを見かけます。ブランドものを身につけたり、リゾート地でくつろいだり、高級車に乗ったりしている様子を見せつつ、「みなさんもこんな暮らしがしたいですよね！　だったらこれをやってみましょう！」と自分の商材をPRする人たちもいます。

ですが、ユダヤ系欧米人の大富豪の中で、こんなことをしている人はいません。

GAFAMのトップたちが、高級スーツを身につけて高級車に乗り、リゾート地で楽しんでいる……というイメージを持っている人はいるでしょうか。たとえば、アップル社を創設したスティーブ・ジョブズのファッションと言えば、黒のタートルネックにジーンズが定番です。高いものを身につけて遊び回っているというイメージはまったくないですよね。

お金に余裕のあることを他人にアピールするために、高いものを身につける。これはお金の使い方としてまったく意味のないことだと、ユダヤ系欧米人たちは知っています。

見栄のためにお金を使えば、同じような人が周りに集まり、結局はお金でしかその人の価値を計れなくなっていきます。お金は「こんなことを実現したい」「これに挑戦してみたい」「社会をこんなふうに変えてみたい」といった目的のために使う道具にすぎないと理解しているユダヤ系欧米人にとって、道具によって人の価値が計られることは、受け入れられません。

そんなことに使うなら、社会貢献のために寄付をしたほうがよほどいいと考えるのです。実際に、目的達成に必要なお金だけ残し、残りはすべて寄付に使うユダヤ系の富豪は数知れません。

自分が本当にやりたいことを見失わないために

ユダヤ系欧米人は、人と自分を比べるということをしません。私も子どもの頃から、「人は人、うちはうち」「自分がどうしたいか考えるように」と、自然に教えられてきました。「仲のいい友達が持っているから自分もあれがほしい」と考えるのではなく、本当に自分にとって必要かどうかを考えるように習慣づけられてきました。

物事を他人と比べて考えていると、本当に自分が何をやりたいのかを見失うことがあります。他人より優れているように見せたいという思いが、無駄な時間と無駄なお金を使うことにつながり、本当にやりたいことを見失わせてしまうのです。

フェイスブック創設者のマーク・ザッカーバーグも、余計なことを考えずにフェイスブックだけに集中するために、シンプルな生活を好んでいると話しています。

自分の持ち物で満足できる人だけが豊かな人生を送る

また、お金を持っていても派手に使って着飾らないというスタイルを、ユダヤ人は歴史の中で培ってきた背景もあります。ヨーロッパ各地に移り住み、金融業などで繁栄したユダヤ人たちは、その結果もともとの住民たちに妬まれ、迫害されてきたのです。

人から妬みを買うことは、自分の命に関わるほど怖いことだと教えられてきたユダヤ人にとって、人よりも着飾ったり、高いものを持ったり、目立つような豪邸に住むことは、危険なことなのです。見栄のためにお金を使うことは、本来の目的を見失わせるだけでなく、余計なトラブルのもとにもなりかねません。

私が子ども時代に出会ったユダヤ人の長老は、「豊かな人生を送ることができる人は、自分の持ち物で満足できる人間である」と、よく言っていました。長老たちは、他人と比較せず、自分の今あるものを大切にできることの素晴らしさを、日々の生活の中で子どもたちによく教えてくれていました。

次々と新しいブランドを身につけたり、車を買い替えたりすることを美徳とはしないので、大金持ちのユダヤ人たちは、いつも着飾らない普段着で町を歩いていました。たくさんの不動産を持ちながら、安心して食べられる野菜を自ら泥まみれになって畑で作っている姿もよく見てきました。今考えると、自ら土をいじって育てた野菜を食べることで、食の安心や味を確かめていたのかもしれません。

こうした経験があったために、日本で「成金」と言われる人たちを見抜く力が、私には幼少期から身についていました。高級外車に乗りブランドを身にまとい、偉そうな話し方をしている人を見ても、子どもながらに「本物の富裕層でないな」と感じることができたのです。

みなさんには、きらびやかな生活に憧れるのではなく、本当に自分がやりたいことに向かって、大切な時間やお金を使っていただきたいと思います。

第4章
お金を増やすためのルール

将来の目的のために使うお金をより分けて先取り貯蓄ができたら、次はそれをどう増やしていくか考えていきます。そのときにまず必要なのは、投資の細かいテクニックではありません。先に身につけておきたいのが、お金を増やすためのマインドです。

何のために増やすのか、基本姿勢ができていなければ、せっかくの投資もうまく行きません。

Rule 16

何のために増やすのか、具体的な目的を設定する

日本式のお小遣いって不思議！

みなさんは子どもの頃、どのようにお小遣いをもらっていたでしょうか。小学生の頃は月に1000円とか、中学生になったら5000円というように、年齢や学年に応じて、毎月決まった額をもらっていたという人が多いと思います。

私が小学生で日本に帰国したときに驚いたのは、こうした日本式のお小遣いの渡し方でした。

なぜ年齢によって金額が決められているのか？

兄弟によって差が出るのはどうしてなのか？

どういう理由でその金額に決められているのか？

とても不思議だったのです。

ユダヤ流のお小遣いは目的から考えさせる

欧米で過ごしていた頃、私はお小遣いをこのようにもらっていました。

まず、祖父母や周りの大人たちが、次のように聞いてくれます。

「今一番ほしいのは何？　やりたいことは何？」

「それはどうして？」

私はほしいものよりも、やりたいことをよく答えていました。アメリカにいるのに「半年後に日本に帰国したときに、友達と鎌倉に行ってみたい」と言ったこともあります。

すると、「なぜ？」と理由を聞いてくれるので、私も子どもなりに考えて答えます。

すると、「じゃあ、そのためにチャレンジすることは何かな？」と質問されるのです。

こうした対話の中で、行きたいからという理由で行かせてもらえるものではないと感じることができるので、願いを叶えるために何ができるかを一生懸命考えます。そして、「お庭の掃除のお手伝いと、おばあちゃんのお買い物のお手伝い」など、自分が今誰かのために役立てることを答えていきます。

大人たちは子どもの話を否定することなく、関心を示してくれます。

「じゃあ、それを頑張れたら、お友達と鎌倉に行けるように応援してあげよう。そのために、お小遣いは日本円で毎月5000円を渡そう」

このようにして、私のお小遣いは決められていきました。

貯め方も自分で考えさせる

ここで「お手伝いを頑張ったら、鎌倉に行くお金をあげる」というように一括でポンと渡すのではなく、お小遣いとして少しずつ渡して子どもに貯め方を考えさせる、というのもユダヤ流です。

このときの私の場合、もらった5000円は、すぐに使えるお金の箱に500円。誰かのために使うお金の箱に100円。残りはすべて目的のために使うお金の箱に入れていきました。この目的のためのお金の箱からお金を使ってしまったり、チャレンジすると伝えたことを実行できなかったりした場合には、返金するルールです。

その結果、目的のためのお金は半年で2万6400円となり、帰国後には無事、仲良しの友達と鎌倉に行くことができました。また、お金は交通費や軽食、駄菓子類に使った程度で、すべて使い切ったりはしなかったので、残ったお金は次の目的のためにどうしたら増やせるかを考えました。

このようなお小遣いの渡し方は、ユダヤ系欧米人の間では一般的なことでした。「〇〇がしたい」という目的を叶えるためだけでなく、お小遣いの中から学校で使うものや衣服などの必需品の多くを、自分で調達できるように教えられ、足りなければ交渉をするということも普通です。

お小遣いをもらった子どもの側でも、もらったお金はきちんと分けて、すぐに使えるお金の中から趣味や遊びなどのお金を捻出するのが当たり前でした。

お金の考え方も年功序列から成果主義へシフトしよう

日本式の、年齢に応じて金額が上がっていくというお小遣いの渡し方は、大人の社会の年功序列制度から生まれた慣習だったのかもしれません。

頑張っても頑張らなくても、重ねた年数に応じてお給料もお小遣いも増えていく。海外と違って、何も頑張らずにただいるだけの社員でもお金をもらえる時代が日本にはありました。そんな時代なら、これでも良かったかもしれません。

しかし、今は日本でも年功序列制度は消えつつあり、成果主義の時代に変わりつつあります。深く考えずに上司に言われたこと、会社で決められたことをやっているだけでは、成果は上がっていきません。何のためにこの仕事をやるのか、その先に何があるのか。目的を持って仕事をすることによって、成果は上がっていくものです。

1年後までにどんな成長を遂げたいか。5年後に、今の会社の中で何ができるようになっていたいか。もっと先に会社がどうなっているのが理想か。そうしたことを具体的に考えることで、やっと「そのために何をやるべきか」がわかってきます。

お金の増やし方についても同じです。1年後に友達と海外旅行に行きたい、5年後に車を買って家族でドライブを楽しめるようになりたいといった目的が、具体的であればあるほど、何をすべきかも明確になっていきます。

妥協しないで本当にやりたいことを目的に

そしてこのとき、「今もらえているお金がこれくらいだから、目的のために貯められるのはせいぜい100万円かな」と思うのか、「今の収入はこれくらいだけど、目的を叶えるためには300万円ほしい。ちょっと厳しいけど、そのために頑張ろう」と思うのかでも、結果は違ってきます。両者とも同じ収入だったとしても、前者はどうやっても貯められるのは100万円でしょうが、後者の場合、300万円は叶わなかったとしても、250万円ほどは貯められている可能性があります。

今の実態から「これくらいならできるだろう」と推測して目的を設定するのではなく、本当にやりたいことを目的にする。これがお金を増やしていくコツでもあり、仕事での成長にも通じる姿勢です。

Rule 17 お金についての漠然とした意識を捨てる

夏の風物詩レモネードスタンドに隠された深い意味

アメリカでは、小学校低学年くらいの子どもが自宅の前や公園などで、即席のレモネードスタンドを作り、レモネードやクッキーを売る姿が夏の風物詩になっています。子どもが頑張っているのを見たら、買ってくれる人は意外とたくさんいるものです。

どれくらい稼げるのかは住んでいる地域でも違いますし、やり方によっても異なります。ですが稼いだ金額よりも、小さい子どもが自分自身の力で他人からお金をいただくことを学ぶことには、大きな意味があると思います。

たくさんの人と触れ合いながら、どんなことにお金を出してもらえるのかを、子どもたちは楽しみながら学んでいきます。

私も幼稚園の頃から、よくお店屋さんごっこをしたのを覚えています。さまざまなものを作って売る子どもたちと、紙で作ったお金を持って買いに行く子どもたち。大人がそこに参加してくれることもありました。

何度もやっていると、売る側は声の出し方や宣伝の方法、お店の見せ方などを工夫するようになっていきます。買う側は、お金の残りを気にしながら、本当にほしいものを探すようになります。

子どもたちは実際に行動しながら、自分の身体や頭で考えたり感じたりして成長していました。「次はこんなことに挑戦して、いくら稼げるようになりたい！」と、わくわくしながら目標にチャレンジできたのです。

小学校でお金の稼ぐ意味を学ばせるのがユダヤ流

小学校に入ると、このお店屋さんごっこは授業の中で展開され、お金の仕組みやお金についての考え方を、より深く学べるようになりました。子どもたちは楽しみながら、お金を稼ぐこと、使うこと、増やすことを学んでいたのです。

何か目的を持ち、それを叶えるためのお金を手に入れたいと思ったならば、どんなことをしなければいけないのか。ユダヤ系欧米人のコミュニティでは、これを子どものうちから体験できるような環境が用意されていました。

今の日本では、会社から言われたことを漠然とやっているだけで月収がもらえているという人は、少なくなってきたもののまだ存在しています。これが長引いていくと、お金のありがたみや価値などがわからなくなっていってしまいます。

人を喜ばせることによって対価を得る、次はもっと頑張ろうと工夫する、この経験の積み重ねで、人は経済的な自立心を養っていきます。この習慣が失われると会社に依存してしまい、「給与泥棒」とか「働かないおじさん」と呼ばれる存在になってしまいます。それでは、年功序列のハシゴを外されてしまったとき、収入を増やしていくことはできません。

漠然とした不安に惑わされてはダメ

みなさんの中には、老後に対して漠然と不安を抱えている人もいるかもしれません。最近は20代や30代でも、老後の暮らしが心配で、早くから節約してお金を貯めておかなくちゃと考える人が多くいます。

実際、私が相談を受けている日本の20～30代女性の約8割は、そうした不安を抱えています。これはインターネットによる情報過多も一因になっているかもしれません。人は不安になると、不安要素そのものについて検索し、ますます不安になってしまいます。

しかし、ネット上の情報が必ずしも正しいとは限りません。情報操作や広告宣伝費ほしさに言いたいことを言っているケースもあります。

ユダヤのお金持ちは、決して知らない人の話を鵜呑みにすることはありません。情報にコントロールされず、自分自身を信じること、行動することを意識していただきたいと思います。

老後の夢を具体的に考えておけば不安は消える

ただし、むやみに将来を不安視する必要はありませんが、将来についてしっかり考えておくことは重要です。

「まだ20代だから、さすがに老後のことまで考えられないよ」という人もいるかもしれませんが、高齢化が進み、年金制度だけにも頼れない時代ですから、早くから考えておくことは大切です。

ただ漠然と「老後のためにできるだけ多くのお金を貯めておかなくちゃ」と考えていると、「本当にこれで足りるのかな」「まだ足りないんじゃないかな」と不安に駆られ、ストレスが溜まってしまいます。そんな不安に駆られないためにも、目的を具体的に設定して、今やるべきことをやるようにしてほしいのです。

老後はどんなところに住んで、何を楽しみたいのか、具体的にイメージすることで、いくら必要なのかが決まります。そこに向けて、着実に進んでいけばいいのです。

20代でも、複利のつく方法で毎月2万円の運用を続けていけば、老後に数千万円に増えているということは珍しいことではありません。40年間あれば、1億円になっていることもあり得ます。ですから、漠然とした不安の中で預金を続けていくのではなく、目的を持って、それを叶えるための具体的な行動をとってください。

そして、何十年か先に叶えたい目的については、きっと年数を経るに連れて少しずつ状況が変わってきます。収入が予想以上に増えて、叶えられる時期が早まるかもしれませんし、叶えるために必要な金額が大きく変わっているかもしれません。

ですから定期的に見直しをして、目的達成の時期を変更したり、先取り貯蓄する金額を変えたりと、メンテナンスすることも必要です。

18 Rule

収入が増えても生活を変えない

宝くじが当たると不幸になる!?

「宝くじが当たったら何に使おう?」

みなさん一度は考えたことがあると思います。

実は銀行員として働いていた頃、私はお金の専門家として数名の当選者の相談に乗ったことがあります。中には当選金が億を超える方もいらっしゃいました。

1000万円以上の宝くじ当選者には、銀行から『その日から読む本』という冊子が渡されます。そこには、「今すぐやっておきたいこと」「落ち着いてから考えること」

「当面の使い道が決まったら考えること」が書かれています。

なぜこのような冊子が渡されるかと言うと、宝くじに高額当選すると、その後不幸になってしまう人が多いからです。たとえば、次のようなケースがあります。

- **当選金を目当てにお金を無心される**
- **盗難被害に遭いやすくなる**
- **税務署に目をつけられる**
- **浪費癖がつく**
- **人生のやる気を失う**

まず考えられるのが、家族や友人からお金を無心されることです。それまでは縁遠い存在だった人たちから急に連絡が来て、お金をねだられることもあります。そのために人間関係にひびが入ったり、人間不信になってしまったりする人もいます。

また、身内のみならず強盗や税務署からも、目をつけられます。これでは、心の安らぐ時間が失われてしまいますね。

そして何より、当たったことにより自分自身の生活ペースが崩れてしまうことが、大きな躓きになる人が多いのです。一度浪費癖がついてしまうともとには戻せず、お金を使い果たした後に借金を繰り返してしまったり、質の高い食事や衣類にお金が使えなくなると強いストレスを感じ、自殺をしたり病気になったりして短命に終わる人も、多数存在しています。

「宝くじが当たったらどうしよう」と楽しく想像できているうちはいいのですが、いざ当たった場合には、使い方を慎重に考えなくてはなりません。

高額当選した女性が8割を寄付した理由

かつて私に相談をしてきた20代の女性で、宝くじに高額当選した人がいました。彼女は当選後、銀行員から情報が漏れているのではないかと怖くなったり、一緒にケーキを食べた友達が笑っただけで、知られているのではないかと不安になったりと、精神的に不安定になってしまっていました。エレベーターに他人と一緒に乗ることもできなくなってしまったのです。

結局、彼女は私と相談した上で、当選額の8割を寄付に使いました。残りの2割は緊急予備資金としてすぐ使えるところへの貯金と、投資に回して老後資金の足しにしてもらい、生活は変えずにいつもどおり仕事を続けてもらったのです。すると、元気を取り戻して、やっと以前のような落ち着いた日々が送れるようになりました。

宝くじに当選しなくても、転職したり会社の状況が変わったりすることで、収入は上がったり下がったり変化していきます。急に大きなボーナスが入ってくることもあります。そんなときに気をつけてほしいのは、それまでと生活を変えないようにするということです。

儲かっても生活を変えないのがユダヤ人の生き抜く知恵

ユダヤ人はさまざまな国で商売がうまく行って儲かるときもあれば、迫害されてお金を強奪されることもある、そんな大きな波の中で生き抜いてきました。

そのため、ユダヤ人は大きな儲けを得ても、着飾ったり高いものを食べたりして、生活レベルを変えることはありません。もしお金を使いたいだけ使ってしまえば、次に来る苦難を乗り越えることが難しくなりますし、周囲から妬みを買うことでひどい迫害を受ける可能性もあるからです。そうならないよう、すぐ使うのではなく投資に回して運用し、将来に備えていたのです。

今のビジネス社会はそうしたユダヤ人と同じように、変化が激しくなってきています。私たちがどう生き抜くか、ユダヤ人から学べることは多くあるはずです。

突発的にお金が入ってきたときに、急に生活を豪華にしてしまうと、そこから抜け出すのは至難の業です。妬みを買ったり、人間関係に悪影響が及んだりすることもあります。生活環境が変わると付き合う友人やコミュニティも変わり、態度や身なりも変わっていき、本当に大切な人と距離ができてしまうこともあります。

使ってしまうのは簡単なのですが、臨時収入はなかったものとして考えなければ、不幸を招きかねません。そのためにはすぐ使えるところに置かず、投資や貯蓄に回して将来に備える他、寄付など社会のためにも使うようにしてください。

19 Rule

積立貯金と投資を混同しない

投資のつもりで貯金になっている人は意外と多い

最近は若い世代でも投資に興味を持つ人が増えています。しかし、日本では金融教育が2022年度にやっと高校で必修化されたばかりで、まだまだ知識のないまま社会に出ている人がほとんどです。投資とは何かをよくわかっていない人も多いのです。

金融コンサルタントとして相談を聞く中で「投資をしています」という若い人にもたくさん出会いますが、よく話を聞いてみると実は積立定期預金だったということもよくあります。「普通預金ではないものは投資」と勘違いしている人もいるのです。

積立定期預金は、目標に向けて毎月決まった日に貯金を積み立てていくというもので、銀行などにただ預けているだけですから、金利は当然ほとんど0％です。置いておいても増えないところにせっせと積み立てているだけですから、投資ではありません。

iDeCoでも投資になっているとは限らない

また、iDeCoに加入している人でも、元本確保型にしていると金利がついて増えていくことはありませんので、形としては預金と何ら変わらず、投資とは言えません。

iDeCoとは、2001年10月から施行された確定拠出年金法に基づく確定拠出年金（通称401K）のうち、個人型のものを指します。401Kはアメリカから来たもので、企業型と個人型とがあります。

これは公的年金（国民年金・厚生年金）とは別に、自分で掛金を拠出して運用し、資産を形成する私的年金制度です。掛金は65歳になるまで拠出可能で、掛金とその運用益との合計額は60歳以降に老齢給付金として受け取れます。

iDeCoは運用益に課税されずに再投資できることや、給付される際に「公的年金等控除」や「退職所得控除」の対象となるなど、税制面での優遇が大きいことから注目されています。

そして、iDeCoには元本確保型商品と投資信託とがあり、そのどちらかだけや、両方を組み合わせて選べるようになっています。その中で、「安全そうだから」と元本確保型だけを選んでいる人が見受けられるのですが、これは定期預金を中心とした運用となっているため、金利を味方に資産を増やすということはできません。また、60歳まで引き出せない点や、手続きしないと国庫のものとなる点なども注意が必要です。投資に興味を持っていただけたなら、まずは金融の基本的な知識を身につけることや、その知識をもとに商品の仕組みをよく理解するということが大切です。

ユダヤ人が小学生で学ぶ「複利」のすごい効果

ユダヤ系欧米人の社会では、子どもの頃から投資の仕組みを学ぶのが当たり前となっています。預貯金と投資の違いや、単利と複利の違い、国債とは何か、ローンとは何かといった知識は、小学生の間に頭に入っているのです。

たとえば複利の説明なら、子どもにもわかるように、雪だるまの絵で教えられます。初めに手のひらサイズの小さな雪玉を作って、それを雪の上で転がしていくと、雪がどんどんくっついて玉が大きくなっていきます。表面に雪がくっつくと、表面積が大きくなる。するとさらにくっつく雪の量が増える。この繰り返しで大きな雪だるまができるわけですね。

複利もこれと同じです。単利では最初の元本部分だけにしか利息がつかず、年利5％で1万円を預けたとして、毎年500円の利息しか手に入りません。しかし、複利は利息がついたお金に対して、また利息がつくことになります。同じように1万円を年利5％で運用すると、1年後には単利と同じく1万500円ですが、10年後には1万6288円となり、単利とは大きな差が出ます。毎月1万円ずつコツコツ運用に回して10年経てば、累計120万円の投資が約154万円に膨らみます。

実際に私自身が行ってきた投資の例を見ていただければ、この複利の力がよくわかるかと思います。グラフ1はインデックスファンドで元金100万円と、以降毎月3万円を40年間投資してきた結果を示しています。投資額と比較して、利益がかなり右肩上がりになっていることがわかるかと思います。合計投資額は1540万円なのに対して、

実際の投資例
（グラフ1）

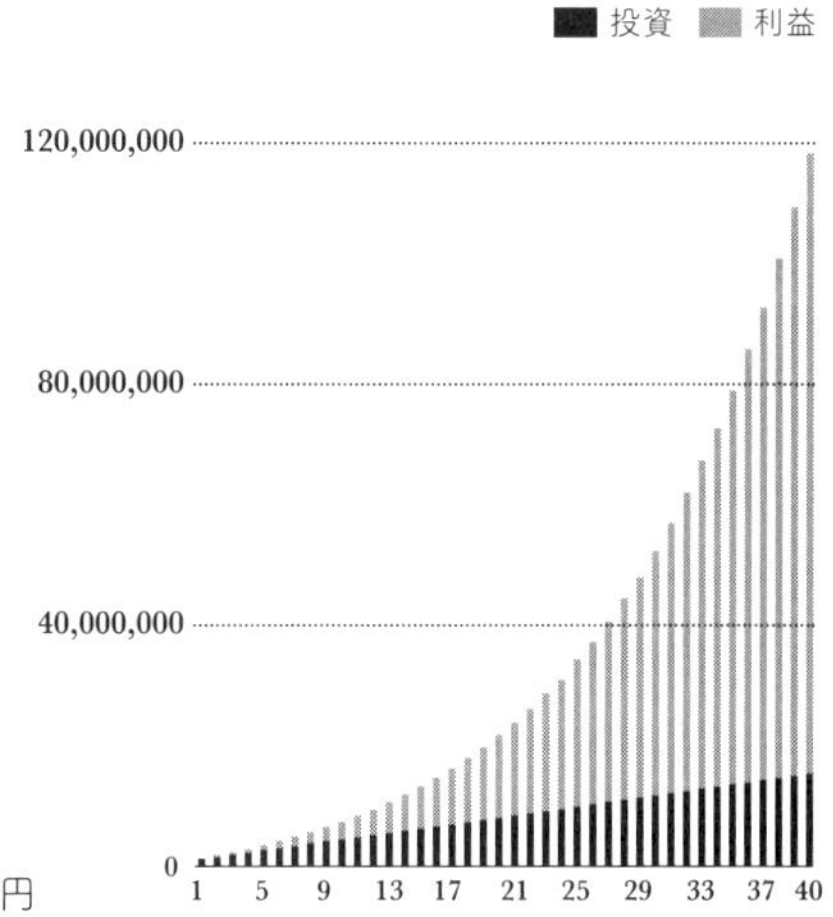

元本：100万円
毎月積立金額：3万円
投資期間：40年
平均利回り：11％
コスト年率：3％
合計投資額：1540万円
最終資産：1億1905万6950円

ファンドの値動きの例
（グラフ2）

最終資産は約1億2000万円。8倍近くの資産増となっています。

なお、このグラフ1は平均利回りを用いてグラフにしてありますので、きれいな右肩上がりになっていますが、厳密に言うと利益がここまで毎年きっちりと増えていくわけではありません。グラフ2はとあるアクティブファンドとインデックスファンドの例ですが、どんなファンドでも実際にはこのようにジグザグに値段が動いていくので、その影響を受けてしまいます。とはいえ、このように値段が上下しつつも、平均すると長期的にはグラフ1のように増えていきます。

インデックスファンドとアクティブファンドの違い

ちなみに、インデックスファンド、アクティブファンドというのは投資信託の商品です。

インデックスファンドとは、特定の株価指数（インデックス）と連動するように作られた投資信託で、比較的低コストで効率的に市場平均のリターンがとれるというわかりやすさが特徴です。銘柄の調査や分析といった手間がかからず低コストで運営することができるため、手数料（運用管理費用）も低く抑えることができます。

アクティブファンドは、ファンドマネージャーと呼ばれる運用のプロフェッショナルが投資判断をしています。ファンドマネージャーは、企業取材等を通してさまざまな企業を調査・分析することで、組入銘柄を決定しています。株式市場においては、その企業の価値が適切に評価されておらず、その評価の見直しが見込める企業も存在します。多くの企業の中から、そうした企業を選別して投資を行っていくのがアクティブファンドの特徴です。

ご紹介したグラフでは、アクティブファンドのほうが良いように見えるかもしれませんが、両者はそれぞれにメリット・デメリットがありますので、投資の際には専門家に相談してみてください。私の40年以上の経験ではインデックスファンドで平均利回り7～11％、アクティブファンドで平均利回り11～25％程度は見込めると思います。いずれにしても投資実績を参考に見ていただくと、複利の力が大きく働いていることが理解できるかと思います。

投資に回さずに利息のつかないところでお金を眠らせているほうが怖い

小さな頃から複利を雪だるまのイメージで理解し、複利の力を知っているユダヤ系欧米人の子どもたちは、小学生や中学生ですでに投資を始めます。「置いておいても増えないところに自分のお金をせっせと貯め込んでいてもしかたない」「時間と金利を味方につけて増やさなければもったいない」という感覚が小さな頃から培われているのです。

私も祖父に教えてもらいながら、「やりたいことのためのお金」は投資に回して増やす経験をしてきました。

「投資はリスクもあるし怖い」「本当に増えるのか不安」という人も多いでしょうが、知識さえあれば「投資に回さずに、利息のつかないところでお金を眠らせているほうが怖い」と感じるようになります。まずは「預貯金と投資はどう違うのか?」、そんな基本的なところから学び直していくと、きっと不安は消えていくと思います。

第5章
お金を働かせるためのルール

将来のために使うお金は、どのようなところに預けるべきなのでしょうか。また、預けた先でどのような仕組みで増えていくのでしょうか。投資とはいったいどのようなものなのか、基礎を知らずに間違ったところに預けてしまうと、お金はうまく働いてくれません。ここでは投資を始める前に知っておきたい基本的な知識と考え方をお伝えしていきます。

Rule 20

複利と金利を味方につける

ユダヤ人は子どもでも知っているのに日本では大人も知らない

ユダヤ系欧米人たちは、子どもの頃からお金の教育を受けています。たとえば複利と単利の違いも、ルール19で説明したように、小学生には雪だるまが転がっていく映像を見せながら教えます。

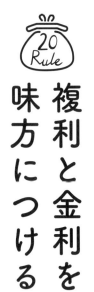

私も小さい頃、祖父から雪だるまを例に単利と複利の違いを教えてもらいました。さらに祖父はこんなことも話していました。

「雪だるまを作るとき、平らな地面の上で転がすよりも、山の上から転がしたら、効率が何倍も良くなって、あっという間に大きくなるよね。これが金利って言うんだ」

「金利？」

「今はわからなくてもいいけれど、金利1%が平面だとしたら、山の頂上から転がすのは金利10%くらいのイメージだよ」

当時はなんとなく聞いていた話でした。ですがその後、アメリカやイギリスの学校の授業で金利について教えてもらい、運用するもとのお金がどれだけ増えるのかを表す言葉なのだと理解しました。

しかし日本では、有名企業の管理職でさえも、複利の力を知らない人が多くいます。

複利を使えば1億円以上も実現できる

日本がゼロ金利になってそろそろ30年が経ちます。5万円を35年間、銀行口座や郵便貯金で毎月積み立てても、ゼロ金利の上に単利ですから、ほとんど元金のまま、約2100万円が貯まっているだけです。

一方、インデックスの平均値8・8%で投資をしたらどうか、と考えてみましょう。

ちなみにインデックスとは、市場の動きを示す指数のことを言います。たとえば日本平均株価は、日本株式の代表的なインデックス。このインデックスと連動して運用される投資信託をインデックスファンドというのは、ルール19で説明しましたね。

5万円を35年間、平均金利8・8%のインデックスファンドで運用した場合には、元金2100万円は、約1億3000万円に増えています。その差は1億円以上です。複利の力で長期間運用することにより、かなりの差が出ることがわかりますよね。

「複利は人類最大の発明だ。知っている人は複利で稼ぎ、知らない人は利息を払う」

これはアインシュタインの有名な言葉です。すぐに使わないお金は必ず、複利の力を使って運用する。まずはこれを覚えておいてください。

「時間×複利×金利」を使って増やす

すぐに使うお金は銀行預金などすぐ下ろせる場所に置き、中期的・長期的な目的のためのお金は複利の力を利用して運用するのが鉄則です。特に長期的な目的のためにしばらく使わないお金については、必ず複利を選ぶようにしてください。

利益を最大限に出すための基本は、長期的に、複利の商品で、金利が高いものを選ぶということです。この「時間×複利×金利」でお金がどのように増えていくか見てみましょう。100万円の元金を金利1%、3%、5%、10%で単利・複利それぞれに運用した場合どうなるか、表にしてみたのでごらんください。

今25歳の人が100万円を運用した場合、65歳になったときには1%の金利で単利だとそれが140万円になり、複利なら148・9万円になります。この場合は単利と複利でそれほど大きな差にはなりません。でも、金利が10%になると、単利なら500万円になるのに対して、複利だと4525・9万円。なんと4000万円もの差が出るのがわかります。

運用年数に着目してみても、10年くらいまでは単利と複利とでそれほど大きな差はありませんが、長くなればなるほど複利のほうは増え方が加速していくのがわかるかと思います。

お金をうまく働かせるには、この「時間×複利×金利」を利用することがポイントとなるのです。

元金100万円を運用した場合

金利	1%		3%		5%		10%	
運用期間（年）	単利	複利	単利	複利	単利	複利	単利	複利
1	101	101.0	103	103.0	105	105.0	110	110.0
5	105	105.1	115	115.9	125	127.6	150	161.1
10	110	110.5	130	134.4	150	162.9	200	259.4
15	115	116.1	145	155.8	175	207.9	250	417.7
20	120	122.0	160	180.6	200	265.3	300	673.1
25	125	128.2	175	209.4	225	338.6	350	1084.1
30	130	134.8	190	242.7	250	432.2	400	1746.0
35	135	141.7	205	281.4	275	551.6	450	2812.0
40	140	148.9	220	326.2	300	704.0	500	4528.7

※税金、信託報酬等のコストをゼロとした場合

（万円）

Rule 21 時間を味方につける

8歳から運用したお金で大学に行けた！

私は8歳から貯めたお金を運用してきました。小さい頃には「すぐに使うお金」と「目的のためのお金」「誰かのためのお金」と、お金を3つの箱に分けていましたが、途中から「将来のためのお金」も加わり、4つに分けるようになっていました。

祖父母からは、「日本に帰って、大学に行くときに使えるように、このお金を働かせておきなさい」と教えられていたので、帰国後も運用を続け、自費で大学に行けるまで増やしたのです。

小学生の頃は、たくさんの有能な株式が入っているファンドの箱に「働いてもらう」感覚でお金を入れました。この箱は、自由に増やしたり減らしたり引き出せる、そして延々と持ち続けられるものにしました。お金は「時間」と「複利」「金利」を味方につけて働いてくれました。

時間をかけてお金を働かせれば手間もリスクも低くなる

また、この「将来のためのお金」は、欧米に伝わる「ひとつのカゴにタマゴを盛ってはいけない」という言葉のとおり、分散して運用していました。「株式の銘柄を分ける」「国の通貨を分ける」「金も持つ」というように、分散投資をしていたのです。

これがもし、ひとつの株式だけ持つという投資だったら、私はきっとその株の本質を見極めるのに何時間も費やしたり、毎日のように株価の値上がりや値下がりが気になって確認してしまったりして、大変な時間を費やしていたと思います。

でも、分散して投資していたおかげで、10代の貴重な時間を無駄に費やすことはありませんでした。それに、もしひとつの銘柄だけに投資していたら、株価が暴落して、働かせるつもりだったお金が10分の1になっていたかもしれません。

また、お金を増やすためには時間をかけて働かせるものだと祖父母から教わっていたため、短期間でお金を増やそうという「投機」に手を出すこともありませんでした。リターンが大きいものほど、リスクが大きいものです。実際、短期売買で大成功をして、豊かな生活を保ち続けて長い人生を終えたという人は、ごくわずかです。

時間を味方につけられるのは若い人の特権

みなさんにやっていただきたいのは、「時間×複利×金利」を利用して、長期的にお金を増やすということです。25歳から毎月3万円ずつ、つまり年間36万円を運用に回し、それを続けていくだけでも、50歳や60歳になった頃には数千万円、あるいは億単位のお金になっている可能性があります。

「社会人になったばかりだし、投資はまだ早い」と思っている人もいるかもしれませんが、「時間×複利×金利」のうち、「時間」は、若い人に与えられた特権です。

私も、幼少期から自分で増やしてきたお金で大学に入ると、学生起業を経験し、親を助けることもできるようになりました。銀行に就職した後も運用を続け、寄付をしたり、金融教育の講師を務めたりと、自分のやりたいことにどんどんチャレンジできました。

若い人が持っている時間は、お金を増やすためだけの時間ではなく、自分自身に投資をするための時間でもあります。私は早くから欧米で金融教育を受けることができたため、時間を味方につけて、「世の中の動き」「為替の動き」「株価の動き」「大統領選」「政治」「スポーツ」「物価上昇」「雇用統計」「流行」「人口統計」などさまざまなことに興味を持ち、お金を分けたり増やしたりする力を備えることができました。

「時間ができたときに……」「もう少し余裕ができたら……」と、やりたいことを先延ばしにしてしまうと、味方にできる時間はどんどん減っていってしまいます。少しずつでもかまいません。1日30分でも語学に使ったり、趣味や得意なことを磨いたり、できることからコツコツ積み重ねていきましょう。

お金も、知識やスキルも、時間を味方につけることで無限大に膨らんでいきます。20代のみなさんは、この先数十年とある時間を、ぜひ味方につけてください。

Rule 22

物価とお金の価値の関係を知る

物価が上がる＝お金の価値が下がっている

２０２１年以降、日本で物価が上昇し続けているのを、みなさんも体感していると思います。

食料品や衣料品、生活用品から、水道光熱費や車のガソリン代など、さまざまなモノの値段が上がり続けており、消費者物価指数（消費者が買うモノやサービスなどの物価の動きを表す統計指標）の上昇率は２０２２年９月、約31年ぶりに３％に上りました。

一方で、物価が上がっても国民の賃金はこの30年、ほとんど上がっていません。モノやサービスの値段が上がっているのに賃金は上がっていないため、当然生活は苦しくなっていくばかりです。

ところでみなさんは、物価が上昇するということはどういうことか、考えたことがあるでしょうか？

みなさんが体感している物価上昇は、モノやサービスの質が良くなったから高くなったというわけではありませんよね。同じモノなのに値段が高くなる。それは、実質的に「お金の価値」そのものが下がっているということです。

お金を手元に置きっぱなしにしたら価値が目減りするかも!?

欧米では小学生から、こうした物価の仕組みについても教えてもらうことができます。お菓子を作って売るときに、利益を出そうと思ったら、材料費よりも高い値段に設定します。材料費が高くなってしまったら、売るお菓子の値段も変えなくては赤字になってしまいます。では、なぜ材料費は高くなるのでしょう……？　そんなふうに、身近なお店屋さんなどになぞらえて、お金の仕組みを教えてもらえるのです。

私もこうした教育を受けながら、「なるほど、じゃあ今持っているお金を手元にある箱に入れて、ずっと置いておいたら、物価上昇とともにお金の価値が小さくなってしまうんだな」と実感することができました。

もし目的のためのお金をそのまま置きっぱなしにしておいて、もしお金の価値が目減りしてしまったら、目的達成までにお金をさらに足さなくてはならなくなります。でも、複利や金利の力で働かせられる場所に置いておけば、足さなくてはいけない分は自動的に増えていきます。

物価が上がり、お金の価値が下がってしまっても、その変化に対応できるように、長期的にお金を運用しておくこと。この重要性を、私は欧米の社会で学ぶことができたのです。

物価上昇に備えてできることを考える

モノやサービスの値段が上がっているときには、みなさんが持っているお金の価値が下がっているときです。そうなると、何か対策を打たなくてはなりませんよね。

モノやサービスを購入するときのお金は高くなっているのに、給料は上がらない。出て行くお金が増えてしまったので、貯金や運用になかなかお金を回せない……。そんな人も多いと思います。

そんなときには、入ってくるお金を増やすための工夫や、必要だと思って使っているお金の使い方を見直すことも必要です。

欧米の場合、ビジネスは成果主義なので、給料を上げたいと思ったときには、新しい企画を出して成果を上げたり、ボスやキーマンにプレゼンして高いポジションにつかせてもらったりすることで、昇給につながることが可能です。

ですが日本ではまだ、成果主義を実現できている企業はそう多くはありません。ただ、最近では副業を許可する会社も増えています。会社の中で給料を上げてもらうことが難しければ、何か他で収入を上げる方法がないか、探ってみることも大切です。

今すぐには難しくても、物価が上昇する、つまりお金の価値が下がる局面は、長い人生でまだ何度か経験することになるはずです。そのときに備えて、今できることならばたくさんあるのではないでしょうか。

将来役立ちそうな資格をとっておいたり、技術を身につけたり、自分にしかない強みを見つけて磨いたり。使えるお金は少なくても、今できることを少しずつでも積み重ねていくことが重要です。

ユダヤ人は無駄遣いしない

そして、それと並行して、今の出費もしっかり見直しをしてください。本当に今買わなくてはならないものなのか、他にもっと安く手に入れる方法はないのか、考えてお金を使うクセを身につけておきましょう。

ユダヤ系欧米人は、自分に本当に必要なものかどうか見極めるのがとても上手です。基本的にお金は目的を叶えるためのものなので、贅沢をしたり見栄を張ったりするためにはお金を使いません。だから、GAFAMのトップたちの身なりは非常にシンプルで、食事や車、家も必要以上に豪華にならないのです。

Rule 23

寝ている間にお金を働かせる

50年間寝かせただけで100万円が10億円以上に!?

アメリカにいる祖母の友人のユダヤ人で、100万円（円換算）を投資して、50年間そのままにしておいたという人がいました。その結果、そのおばあちゃんが手にしたお金は、10億8500万円にも上っていました。平均すると年利15%の複利です。

おばあちゃんがやったことは、ただお金を寝かせていただけです。後は50年間普段と変わらない生活をしていただけですが、豊かさを手に入れて、今も穏やかに生活を送っています。

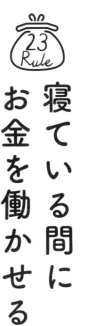

もしこのように、お金をただ寝かせておくだけで増やすことができるのなら、20代や30代で老後のことを心配しながら生活しなくても済みますよね。

お金が働いてくれれば人間は寝ていられる

ただ、「お金を寝かせておく」と表現しましたが、実際には、お金は置いておいた場所で勝手に働いてくれています。寝ているのは私たち人間のほうで、株式市場も為替も毎日動き続けていますから、お金はそこでひっきりなしに働いているのです。

私たちが寝ている間に、お金が働いてくれている。この状況が作れれば、この先体調を壊したり、疲れてしまったりしたときに、私たちは堂々と休むことができますよね。

日本人は精神的に疲れてもなかなか休みをとらず、毎日忙しく過ごしています。身を削り、家族との時間も削って過ごした結果、病気になったり家族との絆を失ったりする人も後を絶ちません。でもお金を働かせておけば、自分はリフレッシュしたり、大切な人と一緒に過ごしたりする時間を十分にとれるようになります。

逆に、金利が0％のところにお金を寝かせっぱなしにしておくと、お金を増やすためには自分が身を粉にして働くしかなくなります。
みなさんは、どちらが良いでしょうか？

お花を育てるようにお金を育てよう

小さい頃、私は祖父母とたくさんのお花を育てていました。花は何もしないと咲きません。水をあげたり、日に当てたり、枝を切ったりして育てると、花が咲き、種を作り、また芽を出してくれます。ただ種を埋めておくだけでなく、良い場所で良い手入れをして育てることができれば、たくさんの花を咲かせて種を作り、花を増やしていきます。

お金もこれに似ています。

先ほどの、１００万円を10億８５００万円にしたおばあちゃんのケースでは、平均すると年利15％の複利になっていたと書きましたが、株式投資では年利50％や１５０％という数字も可能です。ですが、株式の場合には寝かせておいても良いタイプと、頻繁に見て判断しかなければならないタイプとがあり、選択を間違うと大きなリスクを負う場合もあります。ですので、ここでは株式の話はしません。

おばあちゃんのように、長年寝かせておいて、気がついたら莫大な資産になっていたというのは、基本的に長期の投資信託です。

ところが日本では、証券会社の担当が数年でコロコロ変わり、そのたびに相手が売りたいものを買わされるケースが多発しています。訪問してきた証券マンの言いなりになって投資信託をどんどん買い変えていった結果、数十年後にも元本とほとんど変わらない金額しか残らなかったり、半分くらいに減っていたりするケースもあるのです。

コロコロ変わる営業マンに付き合っていたら、お金を長く働かせることはできませんから、当然増やすことはできません。本当に増やしたいのであれば、証券会社の窓口や営業マンのみに相談して言われたとおりに投資するのではなく、信頼できるお金の専門家を見つけ、助言をもらうことをお勧めします。

また、投資先にお金を預けた後に値上がりや値下がりに一喜一憂したり、「みんながいいと言ってるから」と慌てて買ったりしてしまう人もいます。でも、慌てず騒がずじっくり育てることが、お金を増やす秘訣です。長く置いておいてもお金を増やすことができる、安心できる良い投資信託を長く持ち続けるというのが、お金を増やすひとつの方法だと知っておいてください。

24 Rule

投資はしても投機はしない

短期間で売買するのは投機

「投資はいいが、投機はしてはいけない」

これは私が祖父や、祖父母と仲の良かったユダヤ人たちからよく聞かされた言葉です。

投資と投機、言葉はよく似ていますが、これを一緒にしてしまうのは危険です。

投資とは、「投資先の将来」を見据えながら利益を追求することです。一度買った株やファンドなどの金融商品は、その投資先の将来を見据えて長期で保有することになります。

一方、投機とは、「価格変動」を予測して、金融商品を短期間で売買して利益を得ることです。FXや株の短期売買は、投機に当たります。

将来のために お金を増やしたいなら投機は向かない

投機はギャンブルに近いもので、一瞬で大きなお金を失うリスクをはらみます。失っても困らない余剰資金を使って、短期間での利益を求めるならいいかもしれません。

パチンコなどのギャンブルにハマる人たちは、始めた頃に大当たりを経験した人が多いそうです。それをきっかけに、「もっと稼げるのでは」とのめりこんでしまい、財産を失ってしまうのです。脳内の「快感」を覚えている部分が、自制心のタガを外してしまうようです。

投機も同じです。仮にビギナーズラックで1回うまく行ったとしても、強い自制心を持つ人でなければ、ハマって最終的に大きな損をしてしまう可能性があることはお伝えしておきます。

デイトレードも、知識や経験のあるプロのような人が実行したり、好きでやるのであればよいのかもしれませんが、1日で利益を確定していくやり方は投機に当たります。将来やりたいこと、目的に向けて、長期的にお金を増やしていく投資とはまったく異なるものですので、混同しないようにしてください。

書店に行くと、よく『FXで1億円』『初心者でも株で億万長者』といった書籍を見かけることがありますが、FXや株式投資に大金をつぎ込んで破産している人が多いのも事実です。投機で大金を使ってしまったことで家庭不和に陥り、離婚してしまった夫婦も数知れません。

本に書いてあることは、現実に可能なことではあるのですが、知識がなく株を買って放置していたら資産が半分くらいになってしまっていたという人や、多額の費用をかけ投資スクールに通って、結局損をしてしまった人もいます。

投機には手を出さないのがユダヤ流

リスク許容度や、使えるお金は人それぞれです。ユダヤ系欧米人の家庭では、家庭教師のようにその人に合わせて個別に資産運用を教えてくれる専門家をつけていますが、そうした専門的な知識を得られないまま投機に手を出してしまうのはとても危険なのです。

みなさんには、この先まだまだ多くの時間があるはずです。その時間を利用して、長い時間をかけてお金を育てれば、投機に手を出さずとも、必ず大きなリターンを得ることができます。

ユダヤ系欧米人たちはこのことをよく知っており、ギャンブルのような投機には手を出しません。ユダヤ人たちは、突然迫害されて国を追い出されたり、不当に財産を没収されたりした歴史を経験した民族です。ゆえに、いつ何時ピンチが訪れてもいいように、分散投資かつ長期的に金融資産を育てながら、危機に備えてきました。目の前のうまい話に乗って大きなお金を使ってしまうということはなかったのです。

責任を負う覚悟がなければよくわからない世界へは踏み込まない

みなさんは今、地道に仕事をして毎月のお給料をもらうことに、なんとなく「面白くない」と思っているかもしれません。そんなときに、美味しい投資話が舞い込んできたり、「ひと儲け」しようなんて寄ってくる友達がいたりしたら、退屈な今から逃れられるかもしれないと、気持ちが動いてしまうかもしれません。

そんなときには、一度クールダウンするようにしてください。冷静に考える時間が必要です。日本では18歳から成人となり、契約書もクレジットカードも自分で作れるようになりました。でも、そこには必ず責任が伴います。

「お金儲け」に関しては「負債」につながるケースや、人間関係のトラブルに巻き込まれるケースもあります。そうなっても、手を出した自分の自己責任ということになります。その責任を負う覚悟が、みなさんにはあるでしょうか？

よくわからない世界へ踏み込み、自分一人では抱え切れない責任を負う前に、必ず一呼吸置いて、話を持ちかけてきた相手ではなく、お金の専門家に相談してみるなどして、よく考えてみるようにしてください。

そのお金は、今すぐに稼がなくてはいけないお金なのか。

そこに預けるお金は、失ってもいいお金なのか。

みなさんは長い時間を味方につけることができます。それでも、投機に賭けなくてはならない理由はありますか？

Rule 25

怪しい投資話や宗教の勧誘に乗らない

欧米では怪しい宗教から国民を守るのが当たり前

フランスやドイツをはじめとする欧米では、カルトに対して厳しい対策がなされています。移民が多い国々では、キリスト教、イスラム教、ヒンドゥー教、ユダヤ教、仏教などさまざまな宗教の人がいます。そのため、もちろん信教の自由は認められています。

しかし、信者をコントロールし、多額の献金を要求したり、身体的・精神的に虐待したり、労働搾取したりするカルトに対しては、一般的な主教とは一線を引いているのです。

たとえばフランスでは2001年に「セクト規制法」が成立し、マインドコントロールなどで人を支配するような行為が厳しく規制されています。コントロールされて違法な行為に手を染めたり、家族を捨てたりする人がいたら、その人も所属する宗教法人も処罰されます。

また、ドイツでは学校の授業で宗教について扱い、カルトの危険性なども具体的に教えています。宗教についてしっかりとリテラシーを身につけた状態で、社会に出ることができるのです。

しかし日本では、カルトに対して法的にもリテラシーの面でも、ずっと曖昧な状態になっています。そして、そんな宗教の勧誘につい乗ってしまい、多くの人がお金を巻き上げられてしまったり、家族や友人との人間関係が壊れてしまったりしています。

甘い言葉には必ず裏がある

こうした勧誘する人たちは、みな一様に「あなたが幸せになるために」とそそのかしてきます。これは宗教だけでなく、投資も同じです。「今の苦しい生活から脱却できますよ」「大金を手に入れて幸せになれますよ」「勝ち組になれますよ」といった言葉で、みなさんを引き込むのです。

自分は引っかからないぞと思っていても、勧誘するほうはとても巧みで、みなさんの向上心を利用したり、弱っている心につけ込んだりしてきます。そして、気付けばすっかり相手を信じてしまっているのです。対抗するためにもっとも必要なのは知識ですが、日本ではその知識を教育で十分に与えられません。

みなさんにまず覚えておいていただきたいのは、「すぐに儲かる」「幸せになれることを保証する」「すぐ効果が出る」といったうまい話には、必ず裏があるということです。

穴の空いた船に乗ってはいけない

欧米でユダヤ人の富豪たちからよく聞かされた格言があります。

「穴の空いた船に乗ってはいけない」

これは、資産運用のための投資や、何か事業を始めようとするときの、心構えについての話です。

「船に乗って航海しようと決めたら、その船の大きさに惑わされてはいけない。船のどこかに穴が開いていないか、しっかり点検をしなさい。いくら立派な船だからと言って、穴が空いていたら、いずれ沈んでしまうんだよ」

そんなふうに教えられているので、ユダヤ系欧米人たちは、非常に冷静に穴を点検します。美味しい話が向こうから来ることはないと知っているから、穴がないかと探すのです。

「あなたはそれで実際に儲かったの？　通帳など、儲かった証拠を見せて」

「どういう仕組みでお金が儲かるようになっているの？　税金はどうなっているの？　その仕組みを作っている人はどうやって利益を得ているの？」

「金融庁に届け出が出ている、公に認められた商品なの？」

投資の話を持ちかけられれば、こんなふうに隅から隅まで確認します。相手がうまく説明できなかったり、仕組みに穴があったり、儲かった人の実在が確かめられなかったりすれば、絶対に乗ることはありません。

宗教関連で献金をお願いされたなら、こう答えます。

「このお金でどのように社会をよくしているの？　実際にどう使っているのか、証拠を見せて」

儲け話や宗教の話だけでなく、病院でも慎重で、医者にはこんなふうに聞きます。

「あなたなら、この薬を飲みますか？　同じ病気になったとき、この治療を受けますか？」

真の美味しい話は下流には流れてこない

また、ユダヤ人に伝わる言葉には、こんなものもあります。

「真の美味しい話は、下流には流れてこない」

もしあなたが素晴らしい投資方法を発見して、そのために資金を調達したいとしたら、誰に話を持っていくでしょうか。普段投資をほとんどしない人ではなく、投資に慣れていて、資産を十分に持っていて、お金をすぐに出してくれそうな人に相談しに行くのではないでしょうか。

資産があまりない人たちから10万円ずつ集めて回るよりも、企業の社長や投資家などの資産家に相談して「それはいい話だね！」と1億円を出してもらったほうが、手っ取り早いはずです。

つまり、一般消費者をたくさん集めようとしている儲け話は、会社や資産家が相手にしなかった話だということです。ネットで拡散されている美味しい話などは最たるもので、引っかかってくれれば誰でもいいわけです。

こうした怪しい話に引っかからないために、もし美味しい話を持ちかけられたら、みなさんも次のように対処してください。

- 商品の売上に対する権利収入なら、商品のリピート率はどれくらいあるのかを確認する
- 権利収入が入ってくると言うなら、証拠として手数料の明細を見せてもらう
- さらに相手の通帳のコピーを見せてもらって本当に利益があるか確かめる
- 必要だと思われる証拠を全部見せてもらう
- 金融商品取引業の登録がされているか確認する

ここまで確認できなければ、信用できないものとして断りましょう。

第6章
お金の育成期と維持期のルール

働いて得たお金の一部はしっかり運用して増やしていく。それはいつまで続ければいいのでしょうか？　お金には、育成期と維持費があります。自分の人生設計に合わせて、どこを育成期のゴールとするかを決めることが大切です。本章では、育成期と維持期、それぞれどのようなことを意識すれば良いのか、解説していきます。

Rule 26 働けるときには働いて稼ぐ

身体や頭は動かせるうちに最大限活用するのがユダヤ流

お金には、育成期と維持期があります。育成期は、得た収入を運用してお金を増やす時期。維持期は、増やしたお金を維持して生活していく時期です。

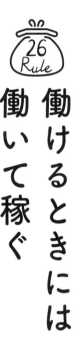

私は幼少期、富裕層のユダヤ人のおじいさんから、よく「身体や頭は動かせるうちに最大限活用しなさい」と教えられました。働けるときに働かないと、人は働くことが面倒に思えてきてしまう。働かないでお金を得ようとする人も現れる、という話でした。

「身体を動かしたくても動かせない、働きたくても半身麻痺や車椅子でうまく働けない、そんな苦しい気持ちがわかるかい？」

おじいさんはそう質問しながら、病気になった知り合いの若者たちを例にして、私に色々話してくれました。

「お金持ちになっても、お金の育成期には働かなくてはいけない。そうやって得たお金をどんどん働かせてあげられたら、将来は、そのお金が自分を助けてくれることになるんだよ」

おじいさんが話してくれたとおり、働ける間は、お金は育成期として運用して増やしていくのが、後に豊かな生活を手に入れることにつながります。

いつまで働くか今のうちにイメージしよう

そして、仕事を引退したときには、今まで増やしたお金を使い、できるだけ維持しながら生活をしていくことになります。高齢になって、人生も終盤というときには、お金を育成する必要はありません。死ぬまで増やし続けても、お金を墓場に持っていけるわけではありませんから、ムリをせず生きられるだけのお金があれば十分です。目標を決めて、お金をしっかり育成したら、後は維持期に切り替えて生活していきます。

育成期から維持期への切り替えをいつにするかは、人によってそれぞれです。早めに退職したい人もいれば、65歳や70歳まで働きたいという人もいるでしょう。

いずれにしても、お金の育成期のゴールをどこにするか、つまりいつまで働くかは、あらかじめ決めておくと良いでしょう。ゴールが決まっていれば、そこまでにお金をいくらに増やしておくべきかが明確になります。

自分が毎年いくらずつ運用に回せて、そのペースだと目標額に到達するまでどれくらいかかりそうかを考えてから、ゴールを決めても良いと思います。

お金の育成期と維持期のイメージ

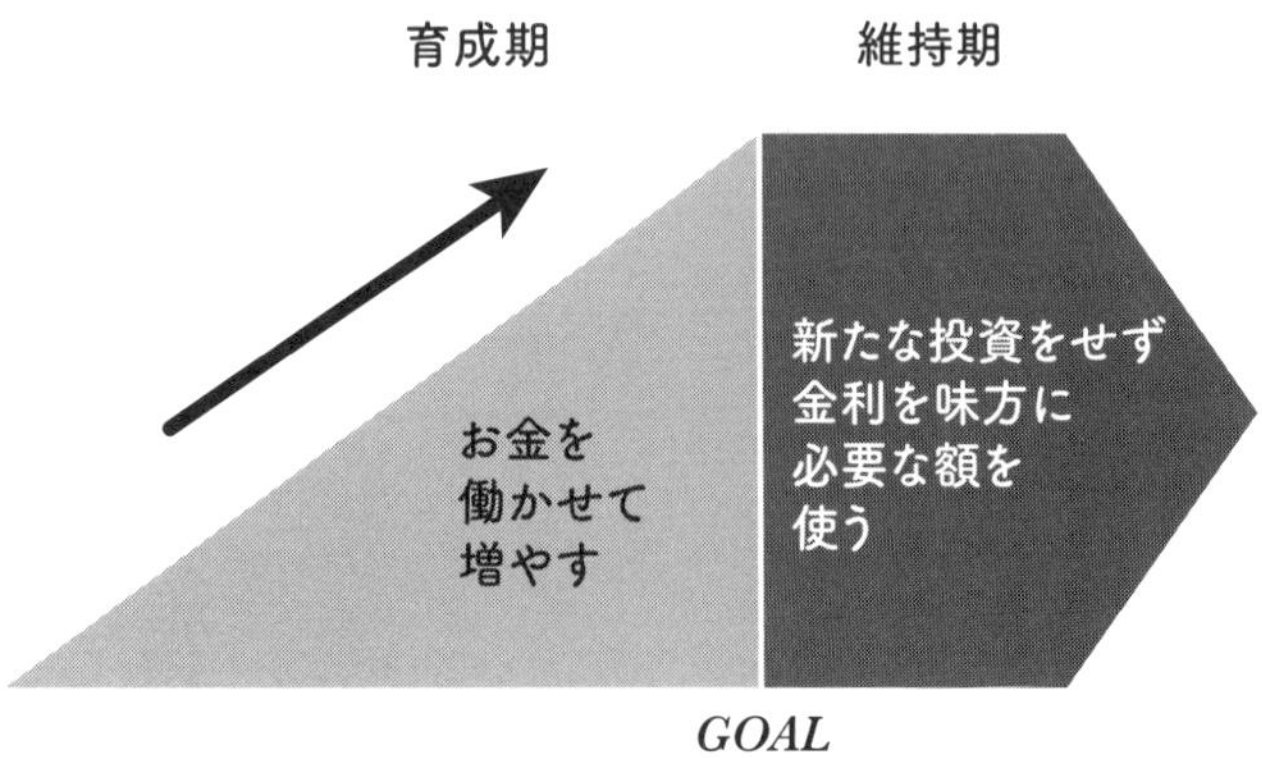

ゴールまでの育成期の間には、結婚や出産、子育てにお金がかかったり、家や車など大きな買い物をすることも考えられます。そうした大きな出費もざっくりと見積もりながら、ゴールを決めてください。

ゴールが決まったら、そこまではしっかり働いて収入を得て、維持期に必要な分を計画的に運用に回していきましょう。

今できることをしっかり頑張る

子どもの頃、ときどきユダヤの人たちから古い家族写真を見せられたことを覚えています。

「家に突然大佐が来て、家財一式を奪われて、家も失ったんだ」

そんな話をしながら、色々な写真を見せてくれました。

人生はいつ何が起こるかわかりません。突然事故にあったり、病気になったりすることもあります。ユダヤの人たちの話を聞いてきたことで、私は命の大切さ、今という時間の尊さを学びました。

そのおかげで、若いうちに今できることをしっかり頑張ろう、という気持ちで、前向きに仕事をすることができました。起業したり金融機関に就職したりする中で、人との関わりの大切さ、仕事の面白さを感じながら、今にいたります。

しかし、私たちが生きている間に働ける時間はだいたい決まっています。一定の年齢になると、考える力も体力も衰えてきて、以前のようには働けなくなります。それでも、その後も人生はまだ続くのです。

特に高齢化が進んでいる時代です。20代のみなさんが高齢になった頃には、平均寿命は100歳近くになっているはずです。働けなくなってからも、まだ数十年の人生が残っているわけです。

一定の年齢になると、日本では年金がもらえることになっていますが、みなさんの時代にはどうなっているか、先はまだ読めません。ですから、まずは年金を当てにせず、いくらあれば残りの数十年間生活できるのか、今はざっくりでもいいので考えておいてください。

その長い数十年の間、安心して生活できるようにするためには、働ける間にお金を稼ぎ、稼いだお金を育てておくことが重要です。人間が労働して稼げるお金にも限りはありますから、稼ぎながら同時並行でお金を育てて増やしておかなくてはなりません。

私が出会ったユダヤ系欧米人たちは、将来働けなくなることを見据えて、働けるうちにしっかりお金を育てていきます。理不尽な目に遭っても社会保障が助けてくれるということのなかったユダヤ人たちにとって、お金がなくなるのは自己責任。だからこそ、将来何があってもいいように、お金を育てていたのです。

お金以外にも労働を通じて手に入れられるものがある

「老後のために今を我慢して働くなんて……」と思う人もいるかもしれませんが、肝心なのはバランスです。今が楽しければいいやと思って稼いだお金を全部使ってしまい、大きなリスクを背負うのではなく、少しずつでも将来にお金を回していくことを考えてください。そして、今しかできないこともきちんとやってください。

働くことから得られるものは、お金以外にもたくさんあるはずです。今しかできないこと、今だから感じられる仕事の面白さや、今だから築ける人間関係もあります。老後の不安ばかりに駆られて悲観したり、愚痴を言ったりする前に、まずは前向きに今の仕事と向き合ってみましょう。今の仕事で身につけたスキルが将来活きることもあるでしょう。仕事を通じて出会った人たちが、かけがえのない財産になることもあります。

同時に、働きながら家族や友人などと過ごす時間や、自分の心身の健康のために使う時間も大切にしていきましょう。人間、いつ何が起こるかわかりませんから、今という時間を大切に過ごしてください。

日頃からお金の一部を育てることができていれば、そうした余裕も生まれてくるはずです。

お金の育成期には運用に回すことを恐れない

Rule 27

預金をやたらと重視する日本人

「将来困らないように、今のうちにしっかり貯金しておきなさい」

社会に出たときに、ご両親からこう言われた方も多いのではないでしょうか。日本では、働いて得た一部をコツコツ預金することが大切だと思っている人が大多数です。

コツコツと貯金して銀行にたくさんのお金が入っていると言うと、真面目で立派な人と思われる風潮もあります。「結婚するなら、1000万円くらいは貯金がある人がいいな！」と話す若者たちもよく見ます。

一方、投資と言うと、日本人は「一攫千金」のようなイメージを持っている人も多く、敬遠されがちです。最近はiDeCoやNISAなど、運用益が非課税となる投資制度ができ、国も資産運用を推進するようになっていますから、少しはハードルが下がってきたかもしれません。でも、投資してお金を増やすと言うと、お金に汚い、悪いことをするようなイメージで捉えている人も、まだ多いのです。

ユダヤ人にとって銀行に大金を預けるのは意味不明

ですが、これまで何度も書きましたが、将来困らないようにするためには、働いて得たお金の一部は長期的に投資して運用するのが、欧米ではスタンダードとなっています。

欧米では、働いたお金をコツコツ貯めて全部銀行に預けてあると言うと、日本とは逆に驚かれます。ユダヤ系欧米人に日本人の貯金の話をすると、「そんな大金を銀行に預けておいて、どうするつもり?」とびっくりされるのです。

彼らにとっては、銀行預金が大金であるほど、なぜ投資に回さないのか不思議なのです。将来のことをまったく考えていない人なのではないか、と思うのです。

日本人は潜在意識の中で、お金を投資など楽な方法で増やそうとする人は悪い人、と考えている人が多いのですが、私の周りにいたユダヤ系欧米人たちの間では、お金に不自由する人はダメな人、という感覚でした。ですから、ほとんど金利がつかないところに大金を預けっぱなしにしている人は、ダメな人という印象になるのです。

臨時収入はすべて将来のために投資するべき

日本では現在のところ、1年間に贈与された財産の合計額が110万円以下なら、贈与税はかかりません。そのため、親や祖父母から、「今のうちに少しずつ財産を贈与しておこう」と、少しずつお金を受け取っている人もいるかもしれません。

もしそういった臨時のお金を受け取った場合には、ぜひすべてを将来のために投資に回してください。

社会人になったら、基本的には親や祖父母からお金を受け取らず、自分で稼いだお金で生活する習慣をつけてほしいのですが、「将来困らないように」「孫に喜んでほしい」といった思いもわかります。「自分のために使って」と断り切れないときには「ありがとう」と受け取って、将来の幸せのために投資して増やすようにしてほしいのです。

世の中には、80代の親のすねをかじっている50代の子どももいます。親や祖父母からもらったお金を生活に回すことを繰り返していると、なかなかそこからは抜け出せなくなります。年数が経てば経つほど慣れてしまい、自立へのハードルが上がります。

そうならないために、ユダヤ系欧米人たちは子どもが小さいときからお金の仕組みをきちんと伝え、自分の力で稼いでお金を育てられ、どんな厳しい社会の中でも自立できるように教育しているのです。ユダヤ人の富裕層たちは子どもに、臨時収入が入ってきたときにはこんなふうに教えます。

「置いておくだけでは何の役にも立たないだけでなく、人は目の前のお金を当てにしてしまうもの。だから置きっぱなしは一番よくないよ」

ユダヤ系欧米人たちは、臨時収入が入ってきたときには一部を社会貢献に使い、残りはすべて将来のお金として増やすという人がほとんどでした。

ボーナスも臨時収入として投資に回す

会社員であれば、年に数回ボーナスがもらえる人も多いと思います。これも臨時収入です。できるだけ育てるように投資に回してください。

年間の収入を見積もるときに、ボーナスありきで考える人もよく見かけますが、ボーナスが必ずもらえるとは限りません。業績が悪くなってしまえば、ボーナスを出さない会社はたくさんあります。ボーナスはあくまでも臨時収入として考えてください。クレジットカードでボーナス払いを選択する人もいますが、リスクがあるのでやめましょう。

そして、臨時収入はなかったものとして、投資に回す。ユダヤ系欧米人の間では、これが鉄則です。大切な人と素敵な時間を過ごしたり、自分の成長に必要なものを買ったりと、多少なら使ってもかまいませんが、生活レベルを変えるような使い方はしないように気をつけてください。

親や祖父母から頻繁にお金をもらったり、定期的にボーナスが入ったりすると、人はついついそれらを含めて「自分の収入」として考えてしまいがちです。そして、実際の収入でできる生活よりもハイレベルな生活をしてしまいます。すると、臨時収入が途絶えたときに苦しい思いをすることになるのです。

子ども時代から仕事ができなくなるまでは、お金を育成する期間です。臨時収入に関しては特に、その場で手をつけるのではなく、育成に回すようにしましょう。

28 Rule

退職後の生活費を見積もる

年金は「ないもの」として考えるのが無難

現在20代、30代の方にとっては、老後はまだ遠い先のことです。今から老後のために準備をしておかなくては、と思っている人は少ないでしょう。おじいさん、おばあさんの生活を見て、「年金があればそこそこの生活ができそうだな」と感じている人もいるでしょう。

しかし、あまりのんきにしてもいられません。日本人の平均寿命はどんどん延びていて、みなさんが高齢になるときには、平均寿命は100歳を超えているかもしれないのです。少子高齢化が進み、このままだと2065年には人口の4割近くが65歳以上の高齢者になると予測されています。

そうなると、今の年金制度を維持していくのはかなり困難です。十分に年金がもらえないまま、寿命は長くなっているので、働けなくなってからも数十年は自力でなんとか生活をしていくことになります。年金がこの先どうなるかわからない以上、ひとまず「ないもの」として考えることが無難でしょう。

「老後に向けて2000万円の準備が必要」

この話を聞いたことのある人も多いと思います。これは、金融庁の金融審議会で、「無職の高齢夫婦の平均収入から平均支出を引くと、毎月5・5万円（＝30年間で2000万円）が不足する」と試算されたことによります。ですが、年金という収入を考えなければ、この金額ではまったく足りないことは一目瞭然です。

若いうちに準備をスタートできるかどうかが重要

これを踏まえて、みなさんはなるべく早くお金の育成期のゴールを設定し、老後に困らないように準備をしておくことが必要です。早ければ早いほど、時間と金利を味方につけてお金を働かせ、資産を増やすことができますから、若いうちにスタートできるかどうかが、とても重要なのです。

今からすぐできることは、まず老後の生活にいくらくらい必要なのかをざっくり見積もっておくことです。年間いくらあれば、自分にとって最低限の生活ができるのか、それが数十年分だといくらになるのか、計算しておきましょう。65歳で退職するとしたら、90歳まで生きるとしても25年の生活があります。

それとは別に、退職後の長い時間に自分がやりたいことも考えておいてください。年に数回は旅行に行きたいとか、趣味に集中したいとか、やりたいことのためにかかりそうなお金も見積もっておきましょう。

老後のためのお金は、「短期」「中期」「長期」と3つに分けたお金のうち、「長期」のほうに当たります。その中でも、生活に必要なお金と、やりたいこと、目標のためのお金はそれぞれ別に考えてお金を増やすようにしてみてください。

まず、今みなさんがやることは、やりたいことや目標のためのお金をしっかり作ること。そこで残ったお金を、老後の暮らしのためのお金に振り分けて、運用していきます。

若いみなさんはたくさんの時間を味方につけられますから、まずは前向きに、やりたいことのために使えるお金を確実に作ることを優先して、頑張ってみてください。

ユダヤ人がやっている
維持期にお金を減らさないための4%ルール

そして、お金の維持期に入ったら、そこからはなるべくお金を減らさないように生活していきます。何歳まで生きることになるかはわからないですし、病気や認知症になったり、ケガをしたりして、治療費や施設代という大きな出費が必要になる可能性もあります。育成期で作ったお金を、簡単に減らしてしまうのは危険です。

お金を減らさないためには、維持期であっても育成期と同じように、お金を「増やす箱」に入れておくことがポイントになります。ゼロ金利や単利の口座にお金を入れているだけでは、使えば使っただけ減る資産になってしまいます。

ユダヤ系欧米人たちの間では、投資のキーワードとして「4%ルール」という言葉があります。お金を複利で4%くらいの手堅い運用の箱に入れておけば、使いながらもお金は増えていきます。今後、少なくなっていく可能性がある年金の足しになるでしょう。

もちろん、金利は10％や20％のものであればさらに良いのですが、こうした高い金利のものはリスクも同じくらい高くなります。大きなリターンを得ようとしてお金を失うより、着実に増やす策をとるほうが、安心して豊かな生活を手に入れることができます。

スキルや知識を増やす自己投資も老後の備えになる

また、お金を減らさずに維持していくためには、年金以外の収入を作るという方法もあります。それまでのキャリアの中で、一線は退いても、多少の金額を稼げるようなスキルを身につけておいたり、お金になるような知識を得ておいたりすることは、とても役立ちます。

「一番の投資は〝知識〟であり〝知恵〟である」とは、ユダヤ人に伝わる格言です。どんな理不尽な理由で土地やお金などの財産を奪われても、知恵だけは奪われない。その知恵をもとに、また資産を作っていくことができる。ユダヤ人たちは歴史の中から、このことを学んできました。

ですから、ユダヤ系欧米人たちは子どもの教育にかなりのお金をかけます。教育こそが最大の投資だからです。

欧米の豊かな暮らしをしている人たちは、親から受け継いだ資産に頼るのではなく、自分の知恵を資産として、活躍している人がほとんどです。

知識、知恵は、社会に出て働いているときにはもちろん役立ちますし、さらに働きながら新しい知識や知恵を得ることで、老後の暮らしにも役立てていくことができます。

ですから、みなさんには今のうちに、お金だけでなく、長く使える知識や知恵をどんどん増やしておいてほしいのです。

会社に入って、ただ言われたことを漫然とやって毎日を過ごすという生き方をするのではなく、上司や先輩から積極的にたくさんのことを学んだり、自分で工夫して成功体験を積み重ねたりと、できるだけ今できることをコツコツ積み重ねていってください。

29 Rule

老後になってから増やすことは考えない

増やそうとして詐欺に遭う高齢者たち

ルール28で、老後でも何かしらの収入が得ることを勧めましたが、これはあくまでも、維持期にお金を減らさないためのひとつの手段です。

維持期には、育成期のように「今ある資産を何倍にも増やして……」と考える必要はありません。今あるものが、なるべく減らなければいいのです。

この維持期に、資産をたくさん増やそうとしてしまった結果、詐欺にあってしまう人は後を絶ちません。高齢者を狙う詐欺は近年増え続けていて、その手口もかなり巧妙になっています。

オレオレ詐欺や預貯金詐欺、金融商品詐欺に融資保証金詐欺……。なぜ高齢者はいとも簡単に詐欺に引っかかるのか、若い人にとっては不思議に思えるかもしれません。ですが、認知機能は誰でも年齢を重ねると衰えます。自分は大丈夫だと思っていても、かつてのように鋭く冷静な判断ができなくなっていくのが人間です。

高齢になり、自分で働いて稼ぐお金が減ったりなくなったりすると、誰でも多少は不安になります。そこに「このお金を数年で倍にできる金融商品があるんですよ」などと営業マンに勧められると、つい乗ってしまいたくなってしまうのです。

ですが、維持期に大切なのは、増やすことではなく、なるべく減らさないということです。ここで「もっと増やそう」と頑張ってしまった結果、ギャンブルのように投機をしてしまうと、せっかく働きながら育ててきたお金を失うことにつながるかもしれません。

みなさんにはまだ早い話かもしれませんが、ぜひご両親やおじいさん、おばあさんがそんな投資話に乗っていないか、気をつけてあげてください。

維持期に入ってから増やしても、そのお金が使えるのはいつなのでしょう。お墓にお金を持っていくことはできません。投資に手を出そうとしていたら、「なぜそんなに増やす必要があるなの？　何に使いたいの？」とよく話を聞いてあげてください。

商品についてもよく調べてみると、怪しいものでなくても、数年では元金からほとんど変わらない額にしかならない商品だったということもあります。

自分年金を準備するなら iDeCo以外も組み合わせて

維持期には、増やすことを考えない。これを実現するためには、やはりしっかりと育成期にお金を増やしておくことが重要です。

今は公的年金や企業年金に加え、それとは別に自分自身で金融商品を利用して「自分年金」を準備する人が増えています。公的年金・企業年金に自分年金をプラスしておくことで、最低限の生活を担保しようというわけです。

自分年金のひとつとして、今注目されているのがｉＤｅＣｏ（個人型確定拠出年金）です。ｉＤｅＣｏは、自分で選んだ投資信託や定期預金などに、毎月５０００円以上、１０００円単位で積み立てていき、60歳以降にそれを受け取るというものです。

iDeCoは月々の掛金が全額所得控除の対象となるため、所得税と住民税を軽減できたり、運用によって発生した利益が非課税となるメリットがあります。60歳以降にお金を受け取るときにも、一時金として一括で受け取れば退職所得控除、年金として受け取れば公的年金等控除が適用されます。

こうした節税効果の高さからも人気の金融商品となっているのですが、注意点もあります。それは、ルール19でも述べましたが、現在、60歳までは受け取れないという点。また、受け取りの手続きをしないまま受け取り時期を過ぎてしまうと、もらえなくなってしまうという点です。

維持期に向けて、目的や生活のために資産運用をするうちのひとつとして、こうした自分年金を作っておくことは良いのですが、その際には商品の特徴をよく知ってからにしてください。iDeCoのように途中で下ろせないものとは別に、何かあったときのために60歳以前でも解約できるような金融商品も活用しておくことをお勧めします。

いずれにしても、みなさんに今進めておいてほしいのは、老後にたっぷりとできる豊かな時間を、有効に使えるようになるための準備です。生活に困らないようにすることはもちろんですが、それ以上に、どんなふうに時間を使いたいか、できるだけ明るい想像を膨らませてみてください。

欧米では、老後の時間をボランティアなどの社会貢献に使う人も多くいます。我欲中心に生きるのではなく、最後まで社会の一員として、人と支え合って生きる。それが豊かな生活だと考える人が多いのです。

みなさんにも、そんな豊かな人生を送っていただきたいと思います。

第7章
お金を守るためのルール

ユダヤ人はお金を分けて、それぞれ育てて増やすことで、財産がなくならないように守ってきました。長期分散投資はお金をリスクから守り、育てるための基本となります。ここではもう一歩踏み込んで、今後起こり得るリスクを具体的に想定しながら、お金の守り方について考えてみましょう。

30 Rule できるだけ細かくリスクをイメージする

攻め方だけでなく守り方も知らないと勝てない

ここまでは、お金の増やし方、使い方についてお伝えしてきました。最終章ではもうひとつ、大切なことをお伝えします。それは、お金の守り方です。

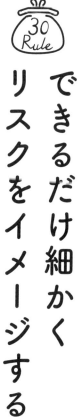

お金を増やす、使うというのは、スポーツで言えばオフェンスです。ですが、サッカーやバスケットボール、テニスなどのスポーツで勝つためにはディフェンスも必要ですよね。

ユダヤ人が習慣としている長期分散投資は、さまざまなリスクから身を守る手段であったたけでなく、彼らの生活を豊かにしてきました。ユダヤ人の歴史においては、リスクとは迫害や強奪、国から追い出されることなどでした。

では、現代の日本人には、どのようなリスクがあるのでしょう?

本章では、私たちに起こり得るリスクに対して、どのような対策をしておくべきなのか、詳しくお伝えしていきたいと思います。

働けなくなったらどうする?

今、みなさんの多くは働いて収入を得ている状態だと思います。そのお金の一部で生活をして、また一部を運用して増やし、叶えたい目的や将来のために準備をするわけです。

でも、それが必ずしも60歳や65歳、70歳まで続けられるとは限りません。病気やケガ、あるいは災害に見舞われて、長期間働けなくなってしまう可能性もありますし、働いていた会社の倒産やリストラなどで、ある日突然職を失うこともあるかもしれません。

病気になっても、治療をしながら仕事を続けられるケースもありますが、その場合でもそれまでの生活費に加えて通院費、治療費という新たな出費が必要になります。

あるいは、結婚して子どもが生まれたとき、もしその子に障害があったり、大きな病気にかかってしまったりしたら、育児費用に加えて医療費や看護、お世話をする時間の負担も発生します。

「今からそんなことを考えていてもキリがない」と思う人もいるかもしれません。ですが、いざ何か思いがけないことが起こり、お金が出せなかったり、ほぼ全財産を失ったりしたとき、後悔するのは本人です。

「若いうちは大きな病気をする可能性は低いし、まだ大丈夫でしょう」と思っているうちに、時間は刻々と過ぎていきます。

スポーツは、ディフェンスがしっかりしていることで、余裕を持った攻めができ、勝負に強くなります。お金に関しても同じです。若くて余裕があるうちに、守ることを考えておけば、いざリスクを感じ始めたときに慌てることもなくなります。

常にリスクを想定するのがユダヤ流

ユダヤ系欧米人たちは、リスクについてかなり慎重に備えます。ルール25で紹介した「穴の空いた船には乗るな」という格言もそうですが、物事を始める際にはリスクがないか、あるならどのようなリスクなのか、しっかり確認してから行動に移します。

たとえば自分の会社で人を雇うときには、その人がどれだけ優秀でも、スパイであるかもしれないので、いざというときのために会社のさまざまな秘密や財産を守れるように、しっかりと誓約書を作ってサインをもらいます。

また欧米では、戦争や紛争などのときに核攻撃や爆弾から身を守るため、シェルターを持っている家も多く見られます。ロシア・ウクライナ戦争の報道で、ウクライナのシェルターの様子を目にした人も多いのではないでしょうか。

あのようなシェルターはウクライナだけでなく、スイス、ノルウェー、アメリカ、韓国などの国々では設置が盛んに行われています。スイス、イスラエルでは核シェルター普及率が100%で、国民のほとんどがシェルターに避難できます。ノルウェーも98%、アメリカは82％、ロシアは72％、イギリス78％です。

しかし、被爆国である日本では0・02％（令和元年・衆議院核シェルター普及状況に関する質問主意書より）となっています。これを考えると、日本は海外に比べて、リスクに備える意識が少し低いようにも感じますね。

人生は何が起こるかわからないからこそリスクへの備えが必要

「人生は何が起こるかわからないから、今のうちにお金を増やして、大学に進学するときや、困ったときに使えるようにしておきなさい」

私は祖父母からそう言われて、小さな頃から投資を始めました。「一寸先は闇」ということを、欧米では子どもが小さいうちから教え込みます。ですから、私も子どものうちから「物事に絶対はない」という感覚を強く持つようになりました。

ボランティアを兼ねて児童養護施設に連れて行ってもらったことも、「自分も親や頼れる人がいなくなったら、こういう施設に入るかもしれない」と考える機会になりました。

では、さまざまに想定されるリスクに、どのように備えていけばいいのでしょうか？

ディフェンスの方法は、いくつか考えられます。分散投資によってお金をしっかり増やしておくのは、攻めも備えたディフェンスとも言えますが、それ以外には、保険に加入する、自己投資をする、一緒にディフェンスをしてくれる味方を作る、といったことが挙げられます。次項から詳しく説明していきましょう。

Rule 31

自分に適した保険に入る

ユダヤ人にとってリスクに備えるための保険は不可欠

人生100年時代に突入することを考えると、働ける時間が40~50年として、その先にまだ30~40年の人生が待っていることになります。後半の30~40年、お金の維持期に安心して暮らすためには、早くからお金を増やし始め、かつ育成期中に起こり得るリスクに備えておくことが大切です。

そのリスクに備えるためにみなさんに今から活用してもらいたいのが、保険です。ユダヤ人たちは欧米を行き来する中で、保険商品を利用して自分たちにとって必要な保障を準備し、船に穴が空かないようにしてきました。

そもそも欧米と日本とでは、保険に対する考え方や使い方がかなり異なります。アメリカでは医療を受ける際、65歳以上や低所得者以外は高額な医療費がかかります。イギリスでは、患者ごとに決められた医師にまず相談しなくてはなりません。緊急以外の場合には2〜3週間待たされることもあります。

一方、日本は国民皆保険で、医療費3割負担や高額療養費控除といった制度があります。

そのため、日本において「生命保険はなくても大丈夫」と考える人も多いのですが、アメリカでは「なくては困るもの」となっており、その分需要が高く、保険商品のラインナップやサービスも充実しているのです。

保険にもリスクに応じてさまざまな種類がある

では、日本で生活する限り何も保険は必要ないのかと言うと、そうではありません。

当然ながら日本でも「人生の中で起こり得るリスク」はありますし、それに備えるために保険商品をうまく活用することが大切です。

保険と言っても、さまざまな種類があります。医療保険、入院保険や死亡保険の他、がん保険や女性特有の病気に備える保険もあります。自分には将来どのようなリスクが起こり得るか考えて、選ぶことが必要です。

たとえば最近では、認知症に対応した保険も出てきています。数年前まではなかった保険です。厚生労働省によれば、65歳以上の認知症有病率は2020年で16・7％、約602万人となっています。認知症有病率は年々上がり続けていて、2025年までには750万人を超えるとの予測も立てられています。

また、がんにかかる人の割合は、厚生労働省の発表では、男性で66％、女性は50％です（2021年度）。つまり、実に2人に1人はがんになる時代です。

がんにかかると、高度先進医療費の自己負担や、長期にわたる高額治療もあり得ます。高度先進医療費の技術料は公的医療保険の対象外で、全額自己負担となり、治療内容によっては数百万円に上ることもあります。厚生労働省・先進医療会議「令和3年度実績報告」をもとに試算したところ、たとえば陽子線治療では平均264万円、重粒子線では約318万円、ある動脈内投与治療では919万円～609万円という額に上っていました。

病気になってからでは打つ手がない

以前、がんにかかった身内を持つ知人から、こんな相談を受けたことがあります。

「先進医療費に600万円かかるって言われたのですが、先進医療保険に今から加入できませんか？　がん保険には入っているのですが……」

「がん保険に入っているなら、そのときに先進医療特約も勧められたと思いますが？」

「そう、『先進医療をつけておきますか？　プラス200円くらいです』と言われて、いらないって断っちゃったんです。がんで受け取れるのは入院費として1日5000円だけ。今からなんとかする方法はありませんか」

残念ながら、がんの発症後には何もできません。がんになった後には、がん保険には普通は入れません。同じように脳梗塞になったら、脳梗塞を保障する保険には二度と入れません（商品によっては発症から5年経過し、治療していなければ加入可能なものもあります）。

さらに、働ける間にこうした病気にかかってしまうと、収入が途絶えてしまうこともありますから、そうしたリスクも考えておいたほうがいいでしょう。

少し前に、35歳で毎月6000円くらいの保険料で、がん（上皮内がん含む）になったら3000万円が一時金として給付され、その後は保険料が一切免除となり、2年に一度1000万円が受け取れるという保険がありました。宣伝は一切しておらず、私たち専門家やお客様の口コミで広がり、加入したい人が続出して売り止めとなった保険です。こうした保険があれば、医療費をまかなうだけでなく、収入が得られなくなった場合にも安心です。

保険にもさまざまな種類がありますが、人それぞれ、どんなリスクが高いかは異なります。遺伝的なものや、性別、生活習慣などによって、発症しやすい病気も異なります。ただ、共通して言えるのは、かかってからでは遅いということです。それぞれのリスクを考えて、必要な保険を選んで入るようにしてください。

自分だけでなく親の認知症や介護リスクも考えよう

また、これからの時代において一番の問題は、認知症や介護が必要になる人の激増です。介護が必要になったら、家族のうち誰かが仕事を辞めなくてはいけなくなることもあります。ですが、その準備をしている人はほとんどいません。

親が認知症になってしまうと、親の銀行口座から子どもがお金を引き出すことはできません。そのために、一瞬で家庭の経済が止まってしまうケースもあります。そんな場合にも備えて、認知症（介護）保険に入っていると安心ですね。

以前「住宅ローンを組んで団体信用生命保険に入っているから、私は保険に入らなくても大丈夫だ」と言っていた方がいました。確かに住宅ローンを組むと、自動的に団体信用生命保険に加入することになるため、亡くなった場合にはローンは免除されます。しかし、自分が介護が必要な状態になった場合は、困ったことになります。通常は、介護が必要になったとしても、住宅ローンが免除されることはほぼないからです。

保険の規約には、「いかなる場合でも働けなくなった場合には免除します」と小さい字で書かれています。これは言い方を変えると、「働けなくなったとみなされるレベル、寝たきりのレベルでないと免除にならない」ということです。ですから要介護認定で要介護1とか2になったくらいでは、住宅ローンは免除されないのです。

たとえば脳梗塞で要介護2になった場合も、働けなくなったとはみなされません。実際にはそうなると考える力が衰え、今まで簡単にできたパソコン作業も困難になり、メールひとつ打つだけでもひと苦労、人混みの中にも出かけられなくなったりします。それでも、「働けなくなった」とはみなされないのです。

認知症や脳の病気などは、若いみなさんにはまだあまり身近には感じられないかもしれません。ですが、親がこうした病にかかってしまった場合にはどうでしょうか。もし保険に加入しておらず、経済的に困窮してしまったら、「どうして前もって保険に入っておかなかったの?」と思う人も多いのではないでしょうか。

このようなリスクに対応できるように、自分自身はもちろん、家族の保険も一度見直してみると良いかもしれません。

ローンを組むなら「払えなくなるリスク」に備える

Rule 32

言われるままにローンを組むのは危険

若いみなさんは、まだローンを組んで大きな買い物をした経験はないかもしれません。ですが、将来、家族ができて家や車を買いたいというときに、ローンを組むことを検討する場面が出てくるでしょう。そのときには、ローンのリスクも十分に検討した上で、判断するようにしてください。

銀行は基本的に、経済的に安定した人にローンをたくさん貸そうとします。しっかり返済してくれる相手であれば、たくさん貸すことによって、利息としてたくさんのお金が戻ってくるからです。

また家を購入する場合であれば、不動産会社もお客さんに多額のローンを組んでもらうことにメリットがあります。銀行との関係もありますし、多額のローンを組んでもらえれば高い家が売れるからです。

ですから、銀行の担当者や不動産会社の営業マンは、きっと「これくらい行けますよ」と多額のローンを勧めてきます。でも、簡単に「わかった、じゃあ言うとおりにローンを組もう!」と考えるのは危険です。

組む前にあらゆるリスクを考える

ローンを組む前には、必ず返済のシミュレーションをしっかりとすることが肝心です。月々の返済額が、この先数十年続いたときに、必ず返済し切れるのか。年齢によっては年金を受け取りながら返済することになりますが、その場合は今の年金受給額を参考にしては危険です。

あるいは、もし返済が残っている間に、介護が必要になってしまったらどうするのか。

収入が途絶え、かつ医療費などの出費が増えた場合でも返済ができる準備はできているのか、リスクに対して丁寧に向き合うようにしてください。

今の仕事を辞めて新しいことにチャレンジしたいと思ったときに、ローンが足かせになってしまう人もいます。新しいことをやりたいけれど、軌道に乗るまでのローン返済が心配で、やっぱり今の会社を辞めることはできない。そんなふうに諦める人も多いのです。

こうしたことを考えて、そもそも「本当にローンを組んだほうがいいのか」を、慎重に考えるようにしましょう。アメリカではサブプライムローン問題という悲惨な出来事がありましたが、お金の専門家がついていた家庭では、身の丈に合わないローンを組むことはしなかったので、大きな損害を出すことはありませんでした。

住宅よりも投資を優先するのがユダヤ流

日本では、「家族を作り、家を持ったら一人前」と考える風潮があります。そのため、20代からローンを組んで家を購入する人も多くいます。

一方、ユダヤ系欧米人たちは、結婚して家族ができたら、まず子どもができた場合の教育を優先的に考えます。結婚したら、あるいは子どもができたら、とりあえず家を買うことを考える日本人とは違い、子どもにどのような教育を受けさせるか、教育費をどうするかが、住宅よりも優先事項となるのです。

また、結婚してもしなくても、20代や30代で家を買おうという人はほとんど見かけません。それは、働いて稼いだお金の一部は、ローンという借金の返済に使ってしまうのではなく、運用したほうが先々の安心や幸せにつながると考えているからです。

ローンを組めば、それが払えなくなるリスクに備える必要が出てきますし、返済のためにやりたいことにチャレンジできなくなる可能性もあります。それよりも、子どもの教育に投資をしたり、そのお金を運用して増やしたり、または自分のスキルを磨いたり知識を得たりすることにお金を使ったほうがいいというのが、ユダヤ系欧米人の考え方です。

お金を借りるなら
それを何倍にも膨らませられる形で

さらに、住宅ローンと同じように銀行からお金を借りるのであれば、ユダヤ系欧米人たちは「自分のアイデアで融資を受ける」ことを考えます。アメリカでは、名もなき若者が円にして5億、10億の融資に成功したりしています。アイデアで事業を興し、それで成功を収めて何倍ものお金を稼いでいるのです。

どうせお金を借りるのであれば、それを何倍にも膨らませられるような形にするというわけです。

こう考えると、日本社会の中で一人前と見られるためにローンを組んで家を買うことよりも、もっと必要なことがあるように感じられませんか？

若い時代には、チャレンジできることがたくさんあります。お金を働かせて増やすこともそうですし、3年後、5年後に向けて自分に投資することもできます。ローンを組む前に、そのことを一度考えていただきたいと思います。

33 Rule

お金の相談相手を作る

営業マンの「お勧め」は当てにならない

投資をするときや保険に入るときには、さまざまな選択肢があります。

しかし、日本では小さい頃から家庭や学校でお金に関する教育をしっかり受けてきた人はほとんどいませんから、いざ選ぼうとするときに、どうしたらいいかわからない人がほとんどです。

そして、いいことばかり書いてある広告に踊らされたり、知り合いや営業マンに勧められるがままに投資や保険商品を買ったりして、結局あまりお金を増やすことができなかったという人が多いのです。ヘタをすれば、だまされてお金を失ってしまう人も……。

しかも日本では、証券会社や保険会社の担当者はコロコロ変わり、一人の担当者がお客さんの資産形成や家計管理を考えながらじっくりと商品を選んで勧めてくれるということがほとんどありません。営業マンたちにとっては自分の成績が上がることが重要ですから、その人にとって本当に適した商品を選ぶことよりも、とにかく商品を売ることが重要視されています。窓口で相談しても、「その金額を出せるなら、この商品がお勧め」と商品を勧められるだけです。

お金の専門家と顧問契約を結ぶのがユダヤ流

一方、幼少期、私が暮らしていた欧米では、私の祖父母の家も含めて、どの家にも信頼できるお金の専門家がついていて、一家の経済についてアドバイスをしてくれることが当たり前でした。顧問契約を結び、ホームパーティなどにも来てもらって、どんな人たちと付き合っているかも見てもらいながら、お金や不動産などの資産を管理してもらうのです。

専門家は家族としっかり信頼関係を築き、信用を失うようなことがない限りはずっとその家族と付き合って資産形成を手伝います。

お金を守る上でとても大事なことは、損失を出さないことです。ですから、常に株価や為替を気にしないとならない投資には、プロの相談相手が必要です。30代までの選択肢は豊富にありますが、「儲かりますよ」「お得ですよ」と勧めてくる相手は、その商品を勧めることに関してはプロであっても、資産形成や家計管理についてはほとんど素人ということも大いにあり得ます。

金融商品を買うときには、営業マンたちの口車に乗せられないためにも、まずは実績のある専門家に相談するようにしてください。

株、保険、不動産など トータルで相談できる人を選ぶ

私自身もお金の専門家として多くの方の相談に乗っていますが、相談に来られた会社員の女性たちは、10〜20年目で資産が増えていき、安定した生活を送ることができています。社会貢献や、家族など大切な人と過ごす時間にも、余裕が生まれています。

コツコツと積み上げたものが40歳くらいで１０００％を超える資産となるようなケースもありますが、これも資産運用の途中で相談できるお金のプロがいるかいないかで、違いが生じてきます。

ただ、欧米にはファミリーオフィスや、資産アドバイザーのオフィスがありますが、日本には少ないのが現状ですから、自分で探す必要があります。

では、実績のある専門家をどのように選べばいいのでしょうか。

投資信託、株、保険、不動産、相続、法人と個人の対策。お金についてはさまざまな専門分野がありますが、まずはこれらの相談にトータルで乗れる人であることが条件となります。

なぜなら、お金の相談をする際には、家族の情報、資産、趣味嗜好など、大切な個人情報を伝える必要があるからです。内容によって「それについては別の人に」とコロコロ相手が変わることは避けなければなりません。

投資信託や株は専門だけど、不動産や保険は苦手というアドバイザーもいます。しかしお金はすべてにつながっていますから、資産形成を考えてもらう相手としては適していません。

FPなら誰でもいいわけではない

なお、お金について幅広い知識と視野を持ち、ライフプランの設計をするプロとしては、ファイナンシャルプランナー（FP）という資格を持った人たちがいます。

FPの中にも、FPとして十分な基礎知識を持ち、適切なアドバイスができるレベルと認定された「AFP（アフィリエイテッド・ファイナンシャルプランナー）」と、AFPの上位資格となる、世界的に金融のプロとして認知された国家資格「CFP（サーティファイド・ファイナンシャルプランナー）」とがあります。

ただし、CFPだから知識や経験や人格が優れているかと言うと、そうではありません。AFPにも同じことが言えます。いずれも真面目に勉強をしたらとれる資格ではありますが、大切なのは「志」です。仕事ではなく、志事としてクライアントに向き合っているかどうかは、人によって異なります。自分が生活するために資格をとったという人がいるのも、事実です。

長く付き合える専門家を見つけるのはなかなか難しいものではあります。でもいくつかセミナーや講座を受けてみて、その人の「志」を感じられるかどうか、また面談をして資産形成についてトータル的な知識を持っているかどうか、何よりその人と波長が合うかどうか、じっくり確かめていただきたいと思います。

最低でも3〜4人は比較して、「この人になら末永くアドバイスをもらえそうだ」と思う人を選ぶようにしてください。

34 Rule お金より大切なものが何かを知る

お金に追われて大切なものを失っていませんか？

今の若い世代は、みなさんお金や時間を大切に使っている印象があります。高い買い物はあまりせずにコツコツとお金を貯め、残業や上司との付き合いに長時間を割かないようにしている人が多いと思います。

ですが、そうした傾向になってきた背景には、「将来への不安」があるのも事実ではないでしょうか。国連機関が出している「世界幸福度ランキング」で日本が低い位置にいるのも、将来への不安が大きいからだと言われています。

少子化が進んでいる要因についても、将来への不安から仕事やキャリア形成が優先となってしまい、晩婚化が進んでいることが挙げられます。

しかし、そうして節約をしながら必死に働き、ストレスを溜め、病気になってしまう人が多いのが、今の日本です。将来が不安だから、副業をして少しでも多く稼ごうと考える人も増えてきており、その結果身体を壊してしまう人も少なくありません。

そうした生き方は、果たして幸せなものなのでしょうか。みなさんにとって、幸せな生活とはどういうものなのでしょうか。

欧米と日本では お金持ちの生き方が違う

お金があれば余裕ができ、幸せになれると思っている人も多いと思います。ですが、私が出会ってきた人々を振り返ると、同じお金持ちでも、欧米と日本とでは違いがあります。

欧米のお金持ちは、自分の時間や夫婦の時間、趣味の時間をしっかりとりながら、日々のスケジュールを組み立てています。信頼できる幹部に仕事を任せて、長期の旅行をすることもあります。仕事終わりには、まっすぐ帰る場合もありますが、仲の良い同僚や部下、仕事仲間とバーで軽くコミュニケーションをとってから帰ることもよくあります。

優先すべきは家族や自分の時間で、オンとオフはしっかりと切り替えます。仕事においては自分がやりたいことを叶えるために頭を使い、コミュニケーション力を発揮しています。

では日本はどうかと言うと、若くして稼いでいるトレーダーはこんなことを言います。

「毎日常に株価が気になって、カップヌードルをすすりながらパソコンの画面から目が離せない」

有名なユーチューバーも、こんなことを言っていました。

「毎日更新するために、日々内容を考え、撮影時間をとり、スタッフとのやりとりを重ねています。チャンネル登録数やいいねの数、コメントも毎日チェック。余裕のある生活をしているように動画では見せていますが、実際は家族とのんびり旅行をする時間はほとんどありません」

また、インスタグラムで十万人以上のフォロワーを持つママさんも、「写真の加工やコメント作成に追われて、なかなか3人の子どもを見る時間がないんです」と話していました。

これでは、いくらお金を稼いでいても、欧米人からすると幸せには見えません。みなさんには、お金に追われた結果、本当の幸せを見失ってしまうことのないよう、よく考えていただきたいと思います。

お金に振り回されるのではなくコントロールするのがユダヤ流

ユダヤ人の富豪たちは、お金より大切なものが何かをよく知っています。家族や友人と過ごす時間や、健康に暮らすこと、人の役に立つこと、夢を叶えること……。その道具として、お金があるということを理解しています。

だからこそ、お金に振り回されるのではなく、コントロール下に置いて、正しく扱って増やすことができているのです。

日本では投資で資産形成をして、早期退職をして悠々自適に過ごす「FIRE（Financial Independence, Retire Early）」ブームが起きています。しかしこれはもともと、欧米の若者たちが家や車を買うといった消費活動に幸福を求めることに疑念を抱き、シンプルで自由な人生を求めたことから起こったブームです。その先には、家族や友人との時間を大切にしたり、社会貢献をしたり、自分がやりたいことのために起業をしたりといったことがあり、決して豪遊したり、ただのんびりしたりしたいだけというわけではありません。

人が幸せに暮らすために必要なのはお金ではなく、「誰かと何かをしたい」「誰かのために何かをしたい」といった目的です。それを叶えるための道具が、お金なのです。

まずは自分が何をしたいかを見つめ直してみよう

ですから今、漠然と「将来が不安」「今のままで大丈夫なのだろうか」と思っている人は、まず、自分が何をしたいかを見つめ直してみてください。誰とどんな時間を過ごしたいかを考えてみてください。

そして、それを叶えるために今からできることをしていきましょう。早くからお金を働かせて増やすことができれば、目的が叶う時期も早まりますし、いくつもの目的を叶えることができます。

もちろん、今の時間を犠牲にしてまで行う必要はありません。少しずつでも着実にお金を増やすことができてくれば、毎日毎日お金に振り回される必要はなくなり、今の時間をもっと大切にすることができるはずです。家族や友達との時間、自分を磨く時間、身体と心をしっかり休める時間、こうした大切な時間も上手に作れるようになるはずです。

今も未来も、不安でがんじがらめになるのではなく、充実した時間を過ごすために、お金をうまくコントロールしてください。

そして、自分も周囲の人も、幸せになりましょう。

おわりに

本書を最後までお読みいただき、ありがとうございました。

突然ですが、みなさんはこれからの時代、日本の社会がどのように変化をしていくと思われますか?

世界的に人口が増えている中で、日本は少子高齢化がどんどん進んでいます。「経済大国・日本」だった時代もありましたが、90年代のバブル崩壊以降、生産性はほとんど伸びず、平均給与も上がらず、輸入に頼っているのになかなか物の値段を上げられない「安い国・日本」となっています。

ニュースでは常に為替の円安・円高や株価の下落・上昇が報道されていますが、こうした日々の動きに一喜一憂し、翻弄されてはいないでしょうか?

ここ20〜30年で日本が世界の中でどのような位置づけになってきたか、それを考えれば、日々の為替や株価の情報に踊らされている場合ではないことに気がつくかと思います。長い目で自分たちの将来を考えていかなければ、情報に踊らされて不必要なリスクをとることにもなりかねません。

＊　＊　＊

生涯にわたりお金に困らない、富のマインドに気付くこと。これが、まだまだ長い人生を歩んでいくみなさんに、今もっとも大切なことです。

良い仲間や家族に恵まれたい、幸福な人生を歩みたい。そう考えるのは万国共通の願いだと思います。

私は欧米でユダヤ人たちから、金銭的、物質的に満たされることと幸福とは関係ないと教わってきました。幸福とは、幸福感のことです。周りの人が不幸だと感じていても、幸福感を感じる人はいます。お金は、必要以上にあり過ぎても使い切れません。買いたいものが買えない日が続いても、幸福を感じることは難しいものです。

今まで約2万人のさまざまな年代の方のお金に関する相談に乗ってきてわかるのは、お金にコントロールされるのではなく、お金をコントロールできることが大切だということです。

お金に余裕のある人は、「税金対策」に重きを置きがちです。お金に不安のある人の中には、お金に関する本やユーチューブで情報を入手したり、友人の投資話を信用してしまったりして、翻弄されている人も多くいます。また、何もできずにただゼロ金利の預金にお金を貯め込んでいるだけの人もいます。

そうではなく、これからの日本社会がどうなっていくのか冷静に見据え、リスクに備えながらも、将来にわたって幸福を感じられる生活を送るためにはどうしたらいいのか、若いみなさんには今一度考えていただければと思います。

そのために大切な考え方を、本書でお伝えすることができていれば幸いです。

＊　＊　＊

本書を出版するに当たり、名前を書き切れないくらい多くの方々にお世話になりました。紙幅の都合上、すべてのお名前を書くことはできませんが、この場を借りてお礼を申し上げます。

執筆を陰ながら支えてくれた息子シュンや娘アンジュ、元サッカー選手の夫、会社の仲間や友人に「ありがとう」の言葉を贈ります。また、本書を読んでもらいたかった亡き母にも、感謝の言葉を贈ります。幼少期に育ててくれた祖父母にも感謝します。

執筆から2年の歳月に付き合っていただいた秀和システムの方々、お力添えいただいている大澤誠さん、松尾昭仁さん、大切なクライアントのみなさま、そして私に影響を与えてくれた欧米ユダヤ人のみなさまに、この場を借りて感謝申し上げます。世界一周をし、生き生きと世界を語ってくれ、いつも明るく幼少期から接してくれた叔母にも感謝します。

最後に、本書を手にとってくださった読者のみなさまに幸せな人生が訪れるようお祈りして、筆を置かせていただきます。

2022年12月

川口 幸子

著者プロフィール

川口幸子（かわぐち・ゆきこ）

◎クラウドコンサルティング株式会社取締役。金融コンサルタント、宅地建物取引士、国際認定コーチ、マネーセミナー講師。

◎家庭の事情から3歳～9歳まで、資産家の祖父母のもとで米国ニューヨーク、サンディエゴや英ロンドンで海外生活を送る。“欧米式のお金の教育”を受けて育ち、8歳で長期積立分散投資をスタート、11歳で預金300万円を貯める。

◎南カリフォルニア大学gerontology学科修了。銀行勤務を経てファイナンシャルプランナー・金融コンサルタントとして独立。20代前半に資本金1000万円、自己資金で株式会社を設立。元サッカー選手の夫と経営している会社も併せ、現在約4500名（うち約450名が富裕層）の顧客を抱えている。クライアントにはプロサッカー選手、医師、高年収のビジネスパーソンなど日本人だけでなく海外の富裕層も多い。

◎資産形成に関する確かな知識は口コミで話題を呼び、経済専門誌からの取材・執筆多数。大手新聞社や大手企業などでもセミナーを開催。現在、子どもたちや、子どもを育てるパパママたち等に対してのお金教育にも力を注いでいる。

【LINE公式アカウント】

kawaguchi yukiko https://lin.ee/t5YpVx4

※「ユダヤ富裕層本読者」または「読者」とご送信いただくと
登録完了となります。

【『ユダヤ富裕層が13歳までに学ぶお金のルール』特設ページ】

https://cloudconsulting.page/age13money.rules

企画協力：ネクストサービス株式会社　松尾昭仁
カバーデザイン：大場君人
カバーイラスト：Loose Drawing

ユダヤ富裕層《ふゆうそう》が13歳《さい》までに学《まな》ぶ
お金《かね》のルール

発行日　2023年　2月　6日　　第1版第1刷
　　　　2024年　2月　5日　　第1版第5刷

著　者　川口《かわぐち》　幸子《ゆきこ》

発行者　斉藤　和邦
発行所　株式会社　秀和システム
〒135-0016
東京都江東区東陽2-4-2　新宮ビル2F
Tel 03-6264-3105（販売）Fax 03-6264-3094
印刷所　日経印刷株式会社　　Printed in Japan

ISBN978-4-7980-6940-1 C0033